视频号爆款攻略

金朝 著

天津出版传媒集团
天津科学技术出版社

图书在版编目（CIP）数据

视频号爆款攻略 / 金朝著. -- 天津：天津科学技术出版社，2024.4
 ISBN 978-7-5742-1998-4

Ⅰ．①视… Ⅱ．①金… Ⅲ．①网络营销 Ⅳ．
①F713.365.2

中国国家版本馆CIP数据核字(2024)第077152号

视频号爆款攻略
SHIPINHAO BAOKUAN GONGLÜE

责任编辑：刘　磊

出　　版：	天津出版传媒集团 天津科学技术出版社
地　　址：	天津市西康路35号
邮　　编：	300051
电　　话：	（022）23332695
网　　址：	www.tjkjcbs.com.cn
发　　行：	新华书店经销
印　　刷：	天津禹阳世纪印务有限公司

开本 670×950　1/16　印张 12　字数 130 000
2024年4月第1版第1次印刷
定价：49.80元

借势破局，引爆红利

短视频时代，流量变现的巨大蛋糕给人以无限遐想。但是普通人与这块蛋糕之间仿佛总有一道玻璃门——眼前一片光明，脚下举步维艰。

幸好，我们还有微信视频号。

《2023年短视频行业研究报告》显示，短视频用户规模超过10亿。这样大规模的线上聚集意味着什么？对于聚集，我们有个最朴素的理解，比如儿时的乡间，但凡有唱大戏、放电影的，就必然会有推着车、挑着担或者是骑着自行车赶着去的生意人——这是人们对于"聚集就是生意"的最初印象。只不过，以前的聚集是在线下，受时间、空间以及交通方式等限制，聚集的规模注定不会太大，和某次聚集相关的生意人大多只能卖些零嘴儿和玩具等。

"得流量者得生意"，这是对于线上聚集的价值非常形象的诠释。所以，就短视频而言，超过10亿的用户规模意味着接近3000亿元的生意，

而且，在可预见的未来还会快速增长。

　　面对规模这么大的生意，人们不免心生憧憬。无数新人摩拳擦掌，跃跃欲试，想要挤进短视频领域一展拳脚，像极了故事里那匹想要过河的小马，但是，想要过河的小马可能会听到有些过来人的规劝，大意是：乾坤已定，胜负已分。新人入场不易，要三思而后行。

　　"乾坤已定"的说法基本正确，因为一般来说，一个新兴行业出现后，随着发展，大多会经历红利期、成长期、稳定期和微利期。随着越来越多法规的出台，短视频领域已经慢慢完成了从野蛮生长期到稳定期的过渡，这也意味着这个领域的"原住民"已经基本站稳，即该崛起的已经崛起。无论从影响力、对流量密码的掌控、平台流量资源的倾斜，还是资本的支持来讲，乾坤已定的说法都不能算错。更要命的是，短视频属于互联网行业，而互联网是一个"赢家通吃"的世界。也就是说，短视频可使线上聚集的规模呈指数级增长，流量可变现为巨大的价值，但是，这种价值并不能平均分配至大多数玩家。短视频行业不像其他行业那样有一线、二线、三线、四线等划分，而是只有"头部"和"其

他",并且,"头部"和"其他"二者的比例严重失衡,也就是说,绝对少数的头部占据了绝大多数的资源和利润。即便是适用于很多行业的"二八定律",也完全不足以解释和说明这个行业的情况。有人说,在短视频领域,"头部"和"其他"的占比为1∶99,就像《中国网络表演(直播与短视频)行业发展报告(2022—2023)》中显示的数据:

"我国的网络表演(直播)行业主播账号累计开通超1.5亿个……以直播为主要收入来源的主播中,月收入5000元以下占比九成以上,月收入10万元以上的头部主播占0.4%。"

1∶99这种说法,基本可靠。

所以,本来就已经严重后知后觉的新人,在这个时候想要入场分得一杯羹,真的要慎之又慎。但是对于大多数人来说,"触网"又无疑是一条捷径。我曾在一次人力资源交流活动中听到有人抱怨说:"现在工作太难找,找个柜员的工作都难。"一个从事实体经济的老板开玩笑说:"想想我们现在有多少消费是在网上完成的。'柜'都快保不住了,哪里还用得了那么多柜员呢?"

　　这仿佛成了一个死结，互联网经济是已来的未来，短视频领域又是"触网"的一条捷径，可是它的这个"乾坤已定"又让人心里发虚。这样的问题，也曾摆在我面前。对此，我小心地给出答案："目前是乾坤初定，今后未必不能有所作为。"

　　我这样的说法倚仗于微信视频号的现状，原因有三。

　　一是在所有的短视频平台中，微信视频号是发力最晚的。从2020年1月底开始内测，微信视频号一直在不断地做着调整，而且调整仍在持续，这意味着微信视频号到目前为止还没到稳定期，大家都在努力适应着新的玩法。正因为微信视频号在成长期，我们才有更多的机会，尤其是对于新人来讲，更是如此。

　　二是微信视频号的传播机制对新人更加友好。微信视频号是在微信这个平台"长"出来的，带有微信天然的社交基因，这种基因也成了微信视频号传播的底层逻辑。对于那些影响力有限，且没有资本支持，很难在陌生的流量环境中站得住的新人来说，微信视频号让他们多了一个可以依靠微信上储存的社交资源获得冷启动的机会。而且，视频号的

"算法+社交"的传播机制也在很大程度上平衡了头部通吃的局面。

三是微信视频号的母体——微信超过10亿的用户和超过8亿的"日活"(日活跃用户数量)本身就是无比庞大的超级公域流量池,而且是人人都可触及的公域流量池。另外,作为社交电商中流砥柱的微信,其支付路径更短,这使得视频号从设计之初就被注入变现基因,在微信生态系统的商业版图中扮演着重要的角色。

也就是说,微信视频号不仅有超级巨大的流量池(我们仅依靠自己的社交资源就有可能触及这个流量池),而且天生自带流量变现的基因。所以,尽管说短视频时代已经是乾坤初定,但是因为有微信视频号,我们从现在出发还为时未晚。

正因如此,才有了这本《视频号爆款攻略》。本书力求从策划、拍摄、剪辑、运营、引流、变现等角度全方位讲透视频号。我将这几年总结的心得、体会分享出来,为大家在短视频时代能更好地体现自己的价值尽绵薄之力。

虽说是"爆款攻略",但书中却没有太多手把手的教学,没有只要

照做就行的"爆款秘籍"。如果真的有所谓的"秘籍",那爆款也就难成爆款了。我们所能做的,就是尽可能洞悉视频号各个环节的规则和底层逻辑。看懂规则,为的是更快上手;洞悉底层逻辑,为的是进一步提升内力,让自己后发先至,走得更远。

受个人经验和认知所限,本书难免会有偏颇和疏漏之处,恳请大家指正。对于前辈和同仁所分享的智慧心得,本书也多有借鉴,在此一并感谢。另外,特别感谢苏牧老师(#荣誉电影课堂)、刘雪枫老师(#乐响视界)以及马成功老师(#马成功组织大脑)在本书的撰写过程中给予的大力指导和帮助。

自微信视频号运行以来,业内多有人说微信视频号是张小龙的星辰大海。只是,张小龙要想真正拥抱自己的星辰大海,就得让善用视频号的人看到自己的星辰大海。那么,就让我们一起努力,借势并破局,借助视频号奔赴自己的星辰大海,引爆属于我们的流量红利。

第一章 ▶ 洞见，看懂视频号的底层逻辑

第一节　闭环布局，视频号布局的商业基因 / 002

第二节　算法推荐+社交推荐，视频号传播的底层逻辑 / 007

第三节　价值为王，有价值的红更便于变现 / 011

第四节　黑、白、灰的三个自己，内容玩家的心态管理 / 015

第二章 ▶ 从 0 到 1，用靓号给自己一个好的开始

第一节　三号一体，能变现的视频号不会单打独斗 / 022

第二节　精准和垂直，什么都有等于什么都没有 / 025

第三节　小白冷启动，让社交资源成为第一驱动力 / 030

第四节　从 0 到 1，注册一个属于自己的视频号 / 034

第五节　从小白到大咖，关于认证的那些事儿 / 038

第三章 ▶ 拍摄，用手机也要拍出大片的味道

第一节　先利其器，拍摄前需要做的准备　/ 048

第二节　熟悉几种常用的镜头语言，让镜头会讲故事　/ 051

第三节　学会构图，让画面变得更漂亮　/ 057

第四节　单兵作战的自媒体人最常用的拍摄手法　/ 064

第四章 ▶ 剪辑，爆款内容离不开剪辑的二次创作

第一节　剪辑高手都在使用的手机剪辑神器　/ 070

第二节　拥有短视频剪辑思路是剪辑师的基本素养　/ 078

第三节　最常用的 10 种剪辑手法　/ 081

第四节　字幕和音效：它们对了，气氛就浓了　/ 085

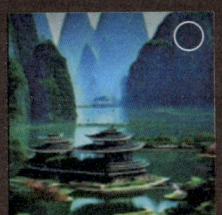   

第五章 ▶ 策划，在拍摄之前就注入爆款基因

第一节　定选题，拍什么比怎么拍更重要　/ 090

第二节　对标热点，永远跟热门做朋友　/ 095

第三节　脚本，固定每一个精彩细节　/ 101

第四节　开头、点评点、结尾，三招掌握热门公式　/ 105

第六章 ▶ 运营管理，让流量价值落地

第一节　把准发布时间和节奏，时间对了效果才会好　/ 114

第二节　作品发布，绝不只是发布那么简单　/ 119

第三节　评论区管理，学会在评论区交朋友　/ 124

第四节　流量管理，让最优质的流量去最有价值的地方　/ 129

第七章 ▶ 视频号 + 社群，没有社群加持的视频号是不完整的

第一节　借助视频号打造群主 IP　/ 136

第二节　社群的核心竞争力是三观一致　/ 141

第三节　视频号 + 人脉助力，提高社群势能　/ 145

第四节　视频号社群裂变的两条线，线上 + 线下　/ 149

第八章 ▶ 视频号直播，视频号变现的主要阵地

第一节　视频号 + 内容电商，视频号变现的基本逻辑　/ 156

第二节　视频号小店，跳不过的变现终端　/ 161

第三节　直播预告，直播前的造势很重要　/ 167

第四节　让直播间保持活跃，热闹的地方更容易变现　/ 172

洞见，看懂视频号的底层逻辑

第一节 闭环布局，视频号布局的商业基因

所有想要做视频号，或者是已经开始做并想要做爆款视频号的玩家都应该认真考虑一个问题：当我们讨论视频号的时候，我们真正在说的到底是什么？仅仅是一个单纯的短视频内容平台吗？有这种想法的人多半是做不好视频号的。这是我们永远都要遵守的铁律——看懂才能做对。否则，我们的努力很难获得对等的回报。视频号出现的这短短几年，已经出现了一批非常优秀的视频号头部玩家。当然，还有更多玩家表现得并不那么优秀。那些变现并不是很抢眼的玩家里有很多人也非常努力，也有非常不错的技术，但欠缺的是看懂视频号本质的洞见能力。

那么视频号到底是什么？

我们先看看视频号是怎么来的。视频号刚出现时，只不过是微

第一章 洞见，看懂视频号的底层逻辑

信"发现"页面中，在"朋友圈"和"扫一扫"之间的一个功能。当然，如果现在看的话，它应该是在"朋友圈"和"直播"之间（如图1-1）。这是这几年微信功能不断优化的结果，也是为了使视频号流量更易变现的结果。总之，视频号并不是凭空而来的、单独存在的短视频内容平台，而是嵌在微信生态系统当中的一个功能，是微信生态系统中的一环。

图1-1

视频号在整个微信生态系统中扮演着什么样的角色呢？

我们需要用流量思维来重新审视微信和微信生态系统。在流量时代，我们要做的应该是流量生意。所以，我们说的流量思维其实就是流量变现思维，当然，这句话是针对那些想要进行流量变现的人来说的。如果做内容只是为了消磨时间，那就不必太在意。我们要想把流量生意做成，要想完成流量变现，必然离不开流量的获取、沉淀、交易的环境以及支付的功能等。

在视频号出现之前，微信生态系统有朋友圈和公众号。少量的信息可以通过朋友圈发布，长篇图文信息可以通过公众号发布，既收获粉丝，又收获流量。二者都是不错的流量入口，可以把微信上的公共流量资源转化为自己的私有流量，这就是公域流量到私域流量的转换。这个转换是通过微信社群进行的。微信社群是私域流量特别重要甚至可以说是决定性的载体。

支付功能呢？微信也是有的，它不需要第三方支付平台的支持。那它还缺什么？缺一个发布视频内容的强劲入口。

在图文时代，公众号是一个很不错的流量入口。但是在内容逐渐视频化尤其是进入视频时代之后，公众号作为微信生态系统中的流量获取入口，就明显变得难以支撑了。朋友圈也不行，以朋友圈为平台的微商是典型的社交电商，所有信息只能触及自己微信通讯录上的好友，很难出圈。所以，微信生态系统需要更合适的平台出现，既可以让使用者能够快速出圈，又可以让使用者触及更大流量资源的获取入口。这就是视频号出现的背景。

2019年张小龙在微信公开课上的讲话可以佐证上述视频号诞生的缘起和背景。他表示，当年有两个小小失误，一个是微信公众平台很长一段时间内只有 PC web 版，这限制了内容创作者的范围；另一个是当时开发微信公众平台的初衷是使其取代短信，成为一种连接品牌、媒体或个人与用户或读者的工具，但不小心把微信公众平台做成了以文章为主要内容的载体，使得其他短内容的形式没法呈现出来，这使得微信生态系统在短内容方面有一定的缺失，相对于公众号而言，之前的微信生态系统缺少了一个人人可以创作的载体，因为并不是每个人都能天天写文章，但是，表达是每个人天然的需求。

作为微信之父，张小龙对微信生态系统的打造运用的是全局思维，我们需要理解他在整体布局上的深刻用意。视频号绝不只是他在视频时代为了迎合短内容浪潮而进行的亡羊补牢式的努力，而是他在流量时代精心打造的流量变现闭环系统中的关键一环。视频号的打造和布局本身就带有浓重的商业基因，如果当年我们对这一点看得还不是很明确的话，那么现在，在微信的"发现"页面中，曾经位于"视频号"下方的"扫一扫"，现在变成了"直播"。在视频号的加持下，微信生态系统已经把社交电商、社群电商、内容电商、直播电商——流量变现的四大路径全部囊括在内。看到这里，我们对视频号的理解应该能更深入一些。

很快，在 2020 年的 6 月 22 日，张小龙就发了一个这样的朋友圈："2亿，是个开始，'mark'一下，因为再不'mark'就3亿4亿了。数字容易，努力不易，需要很多很多思考，很多时间，很多人，很多次迭代，还有很多很多行代码……我说的是新版视频号。"

那时，视频号刚刚结束内测，一切还只是一个开始。视频号是以

2亿的使用量作为开端的，这样的开端有张小龙的期许，也应该有所有视频号玩家的期许。超过 10 亿的用户量，超过 8 亿的"日活"，这些都是微信这个生态系统内的公域流量资源，也是视频号的底气。我们一定可以拥抱属于自己的星辰大海，只要我们能够精准把握视频号的传播逻辑。

第二节 算法推荐+社交推荐，视频号传播的底层逻辑

既然要打造视频号的爆款产品，就必须对视频号的传播逻辑有全面、深入的了解。而要想客观地认识视频号的传播逻辑，就要先认识两个概念——算法推荐和社交推荐。

什么是算法推荐？从技术层面阐述算法推荐并不是一件太容易的事情，而且对于我们大多数人来说，也没有这个必要。我们只需要记住算法推荐的另外一种叫法——个性化推荐即可。对"个性化推荐"最标准化的解释就是，根据用户的兴趣特点，通过人工智能的大数据和算法，推荐其感兴趣的商品、内容等各类信息。

个性化推荐绝对是信息传播史上具有划时代意义的技术革新，尤

其是在"信息核爆"造成信息极度过载的情况下。这就像是一个没有明确目的，甚至是没有明确方向的人，去逛一个几天都逛不完的超级图书馆，不仅逛的人非常迷茫，就连书店的导购也很迷茫。但是出于导购的本职，他又总得要向逛书店的人推荐点儿书才行。那么怎么推荐呢？我们逛书店的经验是什么？就是书店里的各类榜单和在显眼位置大量摆放的书堆。但是这些是呈现给走进书店的每一个人的，是标准化的。这里面可能真有我们喜欢的书，但是不一定。传统的推荐方式，是老板或店员根据他人的行为结果来猜我们喜欢什么，因为很多人已经用行动表示了喜欢，这其实赌的是概率。而算法推荐则是针对某个具体的个体，是根据个体以往的行为轨迹来计算我们喜欢什么。这就像是一个人在一个店里吃了十几年的饭，老板对这个客户的了解可能比客户自己都准确。喜欢的菜色，口味的轻重，菜品的价位，甚至是喜欢的座位……不需要借助菜单，老板就能快速给出一份完全符合客户需求的食物。

个性化推荐经过近十年的发展，已经成为最为主流的传播方式。今日头条的创始人张一鸣曾经说："当用户绑定微博登录后的5秒钟之内，系统会为该用户建立起一个DNA兴趣图谱。"换句话说，就是系统对人的喜好进行深入了解只需要5秒钟，现在用时可能还要更短一些。

社交推荐，就是以熟人社交网络为通道的传播推荐机制，也是视频号最核心的传播机制。具体来说就是，最早看到我们视频号内容的是微信通讯录里的好友，或者是关注、订阅了我们的视频号的用户。

第一章　洞见，看懂视频号的底层逻辑

我们长期使用微信的过程中养成了一种基本的线上社交礼仪，叫作"点赞之交"。这是我们在好友的朋友圈下养成的习惯，因为我们没有太多的时间和精力与所有好友保持高频的互动，但是，如果经常出现在好友在朋友圈发布的内容下，不管是点赞还是评论，都可以很好地保持社交的持续性。在这种习惯下，好友看到我们的视频号的内容后，点赞几乎就是顺手而为。就是这个习惯性的动作，触发了视频号最核心的传播机制。只要对方为我们的视频号点赞，他微信里的好友就能看到我们的视频号的内容，如果他的朋友对视频号内容进行点赞的话，他朋友的微信好友也便能看到了……如此递增，社交推荐实现的是视频以指数级传播，就像人们熟悉的六度人脉理论。同时，也可以把视频号的内容发布在朋友圈或微信群里，通过转发完成双重传播。只要你的内容足够优质，社交推荐会帮你打通微信生态内的流量池，而微信的用户量是非常可观的。

当然，视频号的传播并不只是单一地依赖社交推荐，而是在社交推荐和算法推荐的共同作用下进行传播，具体的传播路径和方式如下。

在视频发布的第一个24小时内，主要通过点赞完成社交推荐这一途径的传播，依靠的是我们微信上的人脉资源，也就是我们的一度人脉。在视频进行第一轮传播的同时，平台还会收集其在传播过程中的各种数据，比如点击率、完播率、点赞率、收藏和评论数量等，然后根据这些数据情况启动算法推荐。

如果各项数据都达到了某个标准。那么在第二个24小时内，平台会帮我们完成第二波传播，触及的是我们通讯录上微信好友的微信好友，也就是我们的二度人脉。即便我们的微信好友并没有为我们点赞，他的人脉资源也照样会成为我们的资源。甚至都不需要他是我们的微信好友，只要在同一个微信社群里，平台便能帮我们触及。

如果视频内容真的特别好，在第二轮传播中各项数据自然表现良好，平台便会利用算法推荐机制，把它推荐给我们的三度人脉。视频内容在这一轮传播中的表现也就决定了它能不能在平台算法的帮助下继续触及四度、五度、六度人脉。从理论上来讲，在算法推荐和社交推荐的双重加持下能完成六度人脉传播，这样的视频就会成为爆款，成为现象级视频了。

如果要用一句话描述视频号内容传播的底层逻辑的话，那么这句话应该是——以社交推荐为核心，以算法推荐为加持。我们的社交资源决定了我们的视频号在启动时能够被多少人看到；算法决定了我们的视频号到底能够走多远，而算法的依据是视频号内容的质量。

第三节 价值为王,有价值的红更便于变现

很多谈流量秘密的文章,都会不约而同地提到一句话——"品位是流量的敌人"。这句话同样出现在广告鬼才金枪大叔 20 年实战心得之书《借势》当中。这句话说的也是内容传播,尤其是视频内容传播过程中的现实。为什么会有这样的说法?难道流量和品位真的就只能是死敌吗?这又是什么原因导致的?

有一个不争的事实是,在以往的内容传播平台,尤其是短视频内容的传播平台,那些以分享干货为主的视频博主,在流量战场上的表现并不怎么起眼。比如抖音,尤其是抖音的知识分区放开以后,很多知识博主快速进入战场。这是个充满自信甚至是优越感的群体,他们当中的很多人都是在某个细分领域深耕了十几年或者几十年,掌握了一套完整的方法论的佼佼者,他们对自身的价值有较高的认同感。但

是，就是这样的一批人，经过一番努力之后却发现，他们做的内容在流量的获取方面却远远比不上在他们看来没有营养，甚至是有些"低俗"的内容。也就是说，从内容质量的维度上来讲，他们自认为处于鄙视链的顶端；但是从流量的维度上来看，他们却不折不扣地跌落到了鄙视链的底端。

为什么会出现这种情况？因为对于绝大多数用户来说，更具娱乐性的玩梗视频更容易被他们所接受。这不是平台的问题，这是娱乐本身的问题。如果说得更深的话，这是由人性的弱点决定的。人性的弱点，恰恰是算法推荐机制的标靶。算法是根据人的兴趣特点来选择推送内容的。也许在填写一份关于兴趣爱好的调查问卷时，我们得到的会是一些更加积极、更加有意义的结果。但是如果我们通过观察，得来的结果恐怕就会很不一样。尤其是在私密、宽松的环境下，人们展现出来的喜好会离本能更近一些。要说悄悄观察和分析，没有什么能比得上大数据和算法了。所以，那些贴合人们私下呈现的喜好，更加靠近本能的内容更容易被算法捕捉到。

可是在内容传播领域还有一句话叫作"价值为王"，说的是短视频的传播离不开优秀的内容质量，内容好的短视频才更有价值。那么到底是兴趣为主还是质量为主？如果是放在视频号的语境中来考虑这个问题，我们的回答应该是价值为王、内容为王。为什么要这么说？我们从以下两个角度来加以解读。

先从视频内容传播的角度来解读。视频号的社交传播属性的落实靠的是"点赞即传播"，只要我们为一个视频点赞，我们朋友圈的好友就能够看到。这也就意味着，我们的微信好友可以通过我们点赞的内容判断我们的趣味、人格、审美、关注点。注重自我形象管理的人一定知道，在数字时代，人的形象是由两个人设构成的，一个是线下的真实的自我形象，另一个是线上的数字形象。而微信朋友圈，包括视频号呈现出现的都是我们的数字形象的重要构成部分。我们发在朋友圈的内容和在视频号上观看的内容，都是向好友们传达着我们赞同什么、反对什么、喜欢什么、厌恶什么，以及我们的注意力在哪里，清晰而又生动。好友们便以此为依据绘制在他们的认知中的我们的形象。但微信上的好友，不仅仅只是好友，还有同学、同事、上司、老板，有我们希望结交的贵人等，当然还有亲人等。客观地说，微信上几乎有我们所有的社交资源。在这样的熟人环境里，想要展示一个什么样的形象给大家，这是人们在为视频号内容点赞时不得不考虑的问题。我们可以问一下自己，这样的情况下会为什么样的内容点赞？这与在陌生的环境里和在熟人社会里，人们在行为上会产生巨大差别是一样的道理。

　　然后从变现的角度来解读。不管是在哪个平台，我们做爆款视频不过是一个手段，获取流量只是过程，变现才是目的。变现后还要考虑长久、持续的变现。而流量变现，尤其是持续性的流量变现本质上是"信任电商"。这就需要在博主和粉丝之间通过视频内容形成一种相对牢固的关系，这种关系的牢固程度就是我们经常说的流量用户的黏性。从变现的角度来看，就不难看懂做视频到底是要娱乐导向还是价值导向。

同样是视频内容的创作，当我们在视频号的语境下来探讨内容的导向和调性时，就有必要先对"品位是流量的天敌"和"内容为王"进行深入的思考。这并不是要我们在两者之间做选择，而是要做好主次区分，要在兼顾观众的趣味和兴趣的同时，坚守我们的核心价值。不论是从视频号的传播逻辑还是从流量的变现来说，我们都应该这么做。

第四节 黑、白、灰的三个自己，内容玩家的心态管理

"做视频、做内容的人，首先应该是一个心态管理高手。"这是我经常对新手玩家说的一句话。当我们决定要做这件事的时候，要做好足够的心理准备。不仅要足够勤奋，还要努力提升自己，更要做好自己的心态管理。尤其是全职，甚至是带团队进行短视频内容创作的人，心态的调整和管理尤其重要。而心态的调整和管理可以分为以下两个方面。

一、事先要有足够的心理准备

当我们想要做一件事的时候，要对做这件事时的生存状态有一个清晰客观的认识，要对工作和生活状态有一个客观的认识。

很多人选择做短视频，包括进驻视频号就是因为看到了头部玩家的风光，只看到他们出镜几分钟，就能轻松获得丰厚的回报，就认定这就是自己想要的生活。如此这般，怀有不切实际的幻想冲进场的人，大概率很快就会选择离场。

做视频的人的生存状态到底如何呢？新近公布的《中国网络表演（直播与短视频）行业发展报告（2022—2023）》的相关数据，可供我们参考。数据显示，截至2022年末，我国的网络表演（直播）行业主播账号累计开通超1.5亿个，在这些以直播为主要收入来源的主播中，95.2%月收入为5000元以下，仅0.4%的主播月收入10万元以上。这个数据表明，在每250个直播主播中，才有一个能够月收入过万。绝大多数主播的收入与其他选择比较起来，并没有太大的优势。如果入场之前只看到那极少数的头部玩家的生存状态，并将其想象成自己入场后的生存状态，那么难免会产生巨大的心理落差。认清生存状态，合理调整预期，这是我们在做事之前的准备工作。

二、过程中要有足够的信心和耐心

至于在过程中，短视频领域也有很大的不确定因素。在以往的视频平台上，那些"拍视频的人"都认同一个说法——"小红靠捧，大红靠命"。这句话说的就是不确定性。这里所说的"捧"，指的就是平台的流量资源倾斜，这些倾斜的流量资源是要用其他资源来换取的，新手个体玩家实施起来难度很大。而"命"指的就是让人琢磨不透的不确定因素，我们可以称之为"运气"。因为特有的传播模式，视频号平台很少有流量倾斜的说法，上面的说法更应该调整为"小红靠努力，大红靠创意"。那么，不管是小红还是大红，在过程中要保有足够的信心和耐心，才能守到红的那一刻，并实现流量变现。

三、理性、客观地面对各种各样的评论和解读

做内容创作，尤其是以质量为导向的内容创作，每一个视频都是精心构思、拍摄、剪辑过的，因为付出了心血，就难免会有敝帚自珍的心理误区，容不得别人肆意指摘。但是，我们做视频就是要给别人看的，而且是要给尽可能多的人看。有道是"众口难调"，不管是什么样的内容都会有人赞赏，有人无感，还有人甚至会如鲠在喉，不吐不快。喜欢的人点赞、收藏、评论；无感的人就当自己没来过，也没看过；嗤之以鼻的人不点赞、不收藏，却可能会在评论区说点儿什么。而他们说的话，经常会对内容的创作者产生很大影响。可以想象一下，刚刚入场的时候，我们需要花费大量的时间和精力进行内容的创作，收入却不一定比得上之前，而且，还有一帮人对你的心血说三道四，甚至是出言不逊。在这种情况下，又该如何管理自己的心态？这个问题解决不好，这条路是很难坚持走下去的。那么，这个问题该怎么解决呢？

有个不错的方法叫作"认识三个自我"。什么叫"三个自我"？就是现实中的自我，想通过视频内容展示出来的自我，以及别人通过视

频看到的我们的自我，这就是视频创作者的三个自我。

我们应该用什么样的心态来对待这三个自我？

对于现实中的自我，我们侧重于他的"黑"；对于想要展示在视频里的那个自我，要侧重于他的"白"；至于他人通过视频看到的我们的自我，则要侧重于他的"灰"。

对现实中的自我侧重"黑"，是为了更加清醒地认识到自己的缺陷和不足，包括性格层面的、认知层面的、技术层面的，对于各种有待于进一步提高和完善的地方，一定要做到心中有数。

对投射在内容里的自我侧重"白"，是为了让自己时刻谨记流量变现的本质是一种信任变现。博主和粉丝之间需要通过视频建立信任的关系，信任度越高，流量变现的潜力就越大，反复变现、持续变现的可能性就越大。而这种关系当中的信任度，取决于我们想要通过内容塑造一个什么样的形象。所以，应该侧重于"白"的一面。

对别人通过视频内容看到的博主形象侧重于"灰"，意思是要允许别人对视频内容做出不同的解读，允许不同的声音存在，博主要能够从这些不同的声音里看到努力的方向。法国作家罗兰·巴特说过一句话："一部作品一经诞生，他的作者就已经死了。"这句话提醒我们一定要学会隐藏自己，把解读和诠释的权利交到观众手里。我们不要轻易去介入和干涉，也不要因他人的负面评论影响自己的心态。

需要加以说明的是，在视频号这一平台上，不同的声音和负面的评论是非常珍贵的，也是很多人的期望，这与其他平台是不一样的。在其他平台，成长期的博主听到的不同的声音会多一些，而在视频号平台上，新手和成长期的博主听到的更多的都是赞扬和鼓励的声音。因为在成长期内，我们的视频内容很多情况下是在熟人环境内传播的。想想看，我们的微信好友看到我们发布的视频，点进去看了之后，即使感觉不是那么出彩，大概率也会鼓励一下。就算是真的有话要说，不吐不快，说话的方式也不会让你有被冒犯的感觉。在视频号平台上，当我们的视频下方的评论区出现越来越多一点儿都不客气的批评，甚至是无端的指责时，就说明我们的视频内容已经超出我们的社交资源，在算法的加持下被更多人看到了。最直接的说法就是，已经成功出圈了。所以，面对这种情况，应该高兴才对。

第二章

从0到1，用靓号给自己一个好的开始

第一节　三号一体，能变现的视频号不会单打独斗

看懂了视频号的底层逻辑后，就进入准备环节。从0到1，我们以视频号为核心，通过微信生态，构筑一个属于自己的流量变现闭环路径。在注册视频号之前，我们要先把流量的变现路径理清楚、构建好，这是非常重要的准备工作。

那么，建立在微信生态内的以视频号为核心的流量变现的闭环到底需要哪些环节？这些环节我们称之为"三号一群一店"。"三号"分别是微信号、公众号和视频号；"一群"就是微信群；"一店"主要指微信小程序里面的小商店（现在已经被视频号小店取代）。

下面来看看"三号一群一店"在流量变现的闭环路径中分别扮演着什么样的角色。

视频号通过制作内容、发布内容，在传播过程中不断积累粉丝，

获取流量。在整个流量变现的闭环路径中，它是一个流量的入口，负责把存在于微信平台上的海量流量资源导入自己的闭环系统内。这是个把公域流量转化为私域流量的过程，在流量生意中，这叫作"拉新"（拉来客户、粉丝）环节。

既然是流量的入口，既然视频号的角色是"拉新"，那么就不能让流量一直都作为粉丝数量留在视频号上，它应该有一个更便于互动，并能够进一步增加信任度的地方，这便是公众号和微信群。把视频号上的粉丝吸引进自己的微信群或公众号上，流量才算是从公域流量转化为真正意义上的私域流量。通过微信群，我们可以与粉丝进行线上甚至是线下的互动，进而建立一种充满信任的良性关系。这种具有很高黏性的流量不仅在变现时拥有较高的转化率，而且还可以反复触及，反复变现。

当然，从视频号到微信群，这中间可能还要经过公众号的过滤和筛选。所以，我们还得有一个公众号。视频号上的粉丝关注了我们的公众号之后，就可以进行一定频率的互动，然后再进入微信群。需要注意的是，微信的公众号分为两种：一种是只有企业才能申请的服务号；另一种是企业、组织和个人都可以申请的订阅号。服务号和订阅号的申请主体不同，功能自然也各有侧重。服务号推送的消息，可以在消息列表中显示，并且还会提醒用户；而订阅号推送的消息，会被收集在一个文件夹中，不做单独的展示，也不做即时的提醒。但是，服务号每月只能发四条消息，而订阅号却可以每天都发送一条。这主要是为了保护用户的使用体验，避免企业进行过度的微信营销行为。所以，为了保障与粉丝之间互动的频率，申请个人订阅号显然更加合适。而且，个人订阅号的申请比较方便，而服务号的申请则麻烦很多。订阅号侧重于信息的传播，服务号侧重于服务。我们需要的是与粉丝进行较高频率的互动，让自己的信息得以传播，所以我们选择申请个人订阅号更合适。如想更多地服务于粉丝，微信群显然是一个很好的选择。订阅号和微信群在流量生意中起到的是留存的作用，筛选和养成高黏性粉丝，为最后的变现做准备。

微信号和微信小商店则是流量的变现环节。微信小程序里的小商店中可以上线各种商品，而微信号的支付功能则是变现环节的有力保障。当然，微信小商店是视频号上线初期主要的变现场景。微信小商店就在微信的小程序里，使用起来倒也便利。后来，随着视频号直播功能的开通和视频号逐渐成熟，视频号小店很快就成为视频号的另外一种重要的变现场景。如今，微信小商店的功能已经被视频号小店替代，而且，微信小商店目前无法申请、注册新店铺。视频号直播是视频号的一个内嵌功能，我们把它算在视频号的一部分。不管是微信群、公众号还是小商店，后面都会单独讲。现在，我们只是在下手之前聊一下布局，理清流量变现的路径。

有一点建议是，无论是视频号、公众号还是微信号，名称以及头像都要尽量保持一致——一般将其称为"三号一体"，目的是给粉丝留下统一、稳定的印象。至于微信群，也尽量做到这一点，但是微信群的名字可以更自由一些。

第二节 精准和垂直，什么都有等于什么都没有

做好上述准备工作后，是不是就能马上去注册一个视频号，然后就进行内容的策划和制作了呢？不急，还有一些不得不做的事情的优先级排在注册之前。

我见过不少新手，一上来就着急地注册账号，然后就一头扎进去，拍视频、发布，各种努力。结果，他们努力了一阵之后，发现事情有些不太对。回头一看，才发现自己在慌乱中选了一个自己并不太熟悉的领域，甚至是不太了解的领域，或者同时选了几个领域。这些都是在选择"赛道"——选择视频号领域方面的常见错误，等明白过来之后，回过头来再进行调整难免会浪费大量的时间和精力。况且，"赛道"也并不是你想改就随时能改的。根据视频号目前的规则，一个视频号只有两次修改领域的机会。所以，贸然注册并开始拍摄内容绝不是一

个理智的选择。

我们必须一开始就选择适合自己的领域，因为只有在适合自己的领域里，我们才能做出好成绩。很多人认为：选择自己喜欢和擅长的领域，这难道不是一件很简单的事情吗？从实际情况来看，事情真的没有我们想象的那么简单。曾有业内人士盘点过视频号运营需要规避的三大误区，其中关于领域的选择就占了两个。这三大误区分别是：

（1）定位不清晰，内容不垂直；

（2）盲目追求热点；

（3）发视频时间任意、随性。

除了第三个误区是没掌握好视频的发布时间外，前面的两个都与领域的选择有关。

先说定位不清晰，内容不垂直这个问题。看起来像是两个问题，其实说的是同一个问题——内容聚焦问题。最简单的解释就是，我们发布的视频内容一定要聚焦在某一个较窄的细分领域，这样才能形成明显的聚焦效应。这样做有两个最明显的好处：一是便于我们把所有精力都用在自己最擅长的领域；二是会让我们的视频号在众多的视频号中拥有较高的辨识度。这样，可以快速、稳妥地在粉丝中建立较高可信度。

打个比方，如果我们的房子需要装修，我们是相信一个数十年来一直从事家装工作的设计师，还是会相信一个身上贴着舞蹈教练、电器维修工程师和家装设计师等多个标签的设计师呢？很显然，我们当然会相信更专业的人，因为只有专业的人才能做好专业的事。我们说的"专业""专注""专攻"就是垂直，就是聚焦。这个设计师用几年，甚至是十几年的时间一直都在做一件事——这就是粉丝对视频所呈现的清晰定位和内容垂直最直观的感知的一种比喻。

定位和垂直重要不重要？谁都能看出来很重要。要做到的话难不难？也是真的难。为什么难？说到底还是因为过于贪心，因为贪心而无法做到果断的取舍。

当我们在说定位和垂直的问题时，我们到底在讨论什么？这个问题一定要搞清楚。我们不是在讨论方法，我们只要按照少而精的原则选择自己最擅长的领域，然后持之以恒地做下去就好了。但是，仍然有很多人做不好。说到底，这其实是心理认知的问题。很多人不是不明白，而是道理都懂，就是做不到。

心理认知问题怎么解决？我们从一个现象说起。"斜杠青年"这个概念从提出到现在已经有十几年的时间了，国内的斜杠浪潮自出现已有将近十年的时间了。斜杠青年指的是不满足于单一职业，拥有多种技能、多种职业和身份，可以过多种生活的人群。比如，有一种诙谐、形象的表述是："不会当厨子的裁缝不是好司机。"

"厨子、裁缝、司机的身份我都想要"——"斜杠"的核心思维就是：多一种技能、多一重身份就多一份机会，面对各种不确定的情况时，就能比别人多一份胜算。在斜杠热的时候，斜杠青年绝对是一个不可小觑的群体。而比真正的斜杠青年群体更庞大的则是那些拥有斜杠思维却没有斜杠能力的人。毕竟，"斜杠青年"也是有标准的。斜杠青年的标准是，你所拥有的任何一项技能都可以成为你谋生的手段。

比如，你是个会计，你爱好摄影，但你不能算是一个合格的斜杠青年，因为只有当你既是一个合格的会计，又是一个可以依靠摄影收入为生的摄影师时，你才是一个真正的斜杠青年。否则，你最多也就是个拥有斜杠思维或斜杠心理的人。比如那些无证不入的考证人，入手了很多证书后，心里就踏实了，感觉自己拥有了更多的可能。那些视频号的定位不够清晰、内容不够垂直的人，也是这么想的。他们以为多一个标签，就能多接触一个群体，就能多获得一些流量。所以在选择领域的时候能多选一个就多选一个，发布的内容时也经常是东一下西一下，好像舍掉哪一个都觉得吃亏。

这样做的结果是什么？结果就是观众没办法对他们的视频内容进行清晰的定位，算法不知道把他们的视频推给什么样的观众，这样，视频和视频号便很难出圈，做出爆款视频号的可能性极低。我们需要明白一个道理，算法首先要对视频内容进行归类，只有精准归类之后，才能为我们做精准的推荐。

那么，有没有一种方法能够帮助我们做好取舍，做到定位清晰呢？在做视频号之前认真思考下面这几个问题，或许对我们有所帮助。

我是谁？

我最核心的竞争力是什么？

我能为观众做的最有价值的事情是什么？

我服务的群体是谁？这个群体有什么样的特征？

如果能把这几个问题考虑清楚，给自己的视频号做一个清晰的定位就不难了。如果你是真正的斜杠青年，同时拥有好几种足以安身立命的技能，那么恭喜你，你拥有了比别人更多的选择机会。你可以对这几个领域进行比较，然后从中选择热度最高、回报率最好、可复制性强、可持续性良好的领域。记住，你比别人多的是选择的机会，而不是同时跨几个领域。

但是，如果只有"斜杠"的心理而没有"斜杠"的能力，那么就好好考虑上面那几个问题，做出真正适合自己的选择。记住：是真正合适自己的选择，而不是跟风选择一个最热门的但自己并不擅长的领域。跟风热点，同样也是人们在选择短视频领域时的一个误区，一定要注意避免。

第三节 小白冷启动，让社交资源成为第一驱动力

为自己的视频号选好了领域，接下来是不是就能开始申请账号了？答案是：如果可以，在正式申请视频号之前再做一件事情。这件事情做好了，得到的回报绝对超出我们的想象。这件非常重要的事情就是，对微信的通讯录进行调整。

经常有人说，视频号对新人比较友好。这种友好并不是视频号平台的刻意为之，而是来自于它的传播方式。在没出圈之前，视频的主要传播力量都来自我们微信上的社交资源。哪怕视频是从其他平台上迁移过来的，在没出圈之前也只能依靠我们自己储备的社交资源。这种"对新人友好"，其实是一种相对的公平，等于说是在起跑的那一刻，大家都被拉到同一条线上。但是，只要起跑后，这种短暂的平等很快就会被打破，往往在算法推荐介入前，差距就已经拉开了。这主

要是因为每个人的微信中储备的社交资源的规模和特点不同。

所以，对微信的通讯录做调整，目的就是让它无论在规模上还是在特征上都与我们的视频号的方向更加统一。这样一来，我们在起跑之后就能比其他毫无准备的新手拥有更多的传播优势，也就是说，在视频号的冷启动阶段就能领先他人一步。

具体应该怎么做？

我们先来看看我们的微信上都有谁。为了便于对微信社交资源进行分类和盘点，我们先来认识一个人脉变现领域的概念——六圈法则，或者叫六圈人脉，就是从现实场景的维度出发，把我们的社交资源分为家庭圈、同事圈、同学圈、爱好圈、平台圈和职场圈。我们的社交资源就分布在这六个不同的圈子里面，这六个不同的圈子就是我们社交资源的主要构成部分，这被称为六圈理论。

我们要做的第一步，就是按照六圈理论的法则，对微信好友以标签和备注的形式进行分类。这一步很容易，一般人做起来只需要一天就可以完成。对于那些社交资源规模庞大的人来说，可能花费的时间会稍微多一些，但这是令人高兴的事情。

第二步要做的就是对这些社交资源进行分析。就是通过分析上一节我们选择视频号领域时思考的那几个问题，与这六个圈子的社交资源进行对比，看看哪些圈子里的人与我们的视频号内容方向匹配度更高。

比如，假设我们选择的是母婴领域，很有可能是因为我们之前有过相关从业经历，那么，除了我们的同事圈、平台圈和职场圈与这个方向匹配度比较高之外，很可能我们的同学圈、家庭圈与这个方向的匹配度也比较高。

但是如果我们选的是公司架构、税务问题等一些相对比较专业的方向，那么，与我们的视频号内容匹配度比较高的人可能集中在的同事圈、同学圈、平台圈和职场圈里。而我们的家庭圈和爱好圈里的人可能对这些内容既不熟悉也不太关心。这些人可能一开始会点开来看，也可能会顺便点赞，但是通常不会发表评论，也不会收藏视频。甚至当我们的视频更新成为常态后，他们的点击和点赞却未必会随之成为常态。那么，这些人对于你的视频号传播来说，就不能算是资源，而可能算是一种负担。

因为视频在传播时的点击率、点赞率、完播率、收藏率等方面的表现会成为算法机制衡量视频内容是否优秀的重要标准。算法会通过数据捕捉到有多少人点开了视频，有多少人看完了，看完后有多少人点赞了，有多少人转发分享出去了，有多少人发表了评论，又有多少人收藏了……综合一衡量，这是不是优质内容很容易就能得出结论了。

经过上述分析，明白了哪些是高质量社交资源，哪些是低质量社交资源，接下来要做的就是第三步——调整，这可能需要我们最好再申请一个新微信号。比较好的做法是把低质量社交资源迁移到新微信号上，把高质量社交资源留在原来的微信号上，有利于视频号内容的传播。当然，一定要明白，这里所说的"低质量""高质量"，指的是社交资源与我们的视频号内容方向比照之后的结果，而不是交情的深浅或血缘关系的远近。从实际情况来看，越细分、越定位精准的专业领域的视频号，其微信上那些天然关系比较亲密的社交资源对于该视频号来说越有可能是低质量社交资源。

迁移社交资源之后，才是真正重要的一步，也就是第四步——根据我们的视频号的内容方向，让自己加入一些方向相同的微信群。如果有可能的话，参加一些相关领域的线下活动，增加自己的优质社交资源规模。无论是线下活动还是微信群，它们所连接到的资源都会在日后成为我们的视频号传播的强大助力。一般来说，能在线下参加活动的人，大多是在这个领域有一定影响力，或者是对该领域有强烈兴趣的人。他们每个人的背后都连接着这个领域内非常可观的优秀资源，我们每加上一个人的微信，我们的视频号在传播的过程中就能通过这个人获得一大波资源。至于微信群里的那些资源，能加上好友自然是好的，如果不能也没有关系。在算法推荐阶段，算法机制会帮我们连接到他们背后的资源。但是前提是，我们须在视频号内容传播之前做上述这些工作，为社交推荐和算法推荐准备好这些可用的资源或可以触及的资源。

对社交资源进行必要的调整，是一项非常重要的工作，最好在注册视频号之前就做。至于线上线下优秀资源的扩充，也最好尽早开始，并且我们最好把它当作是一个只有开始没有结束的工作，起码在视频号运营期间，不要让这件事停下来。

第四节 从0到1，注册一个属于自己的视频号

一、注册视频号前须明确两个问题

做完前面的准备工作，就可以开始着手申请注册一个真正属于自己的视频号了。不过，在具体操作之前，有两个问题我们需要明确。

首先要明确的一点就是，在目前的规则下，一个微信号只能对应一个视频号，并且还不支持解绑和换绑。所以，在注册视频号之前一定要考虑清楚，到底要用哪个微信号。就像是前面说过的，我们要对微信的社交资源进行调整。这样一来，我们就可能有两个微信号，到底用哪一个微信号开通视频号，这关系到以后视频号传播的问题。

上面说的是个人申请注册的视频号。如果视频号是以团队的形式运营，或者就是一个公司的视频号，那么就更要认真考虑视频号绑定

的微信号，因为这等于在确定视频号的归属权，视频号一旦开始运营，就会变成无形资产。为了避免日后可能产生纠纷，这个问题一开始就要考虑好，通常的做法是绑定创始人的微信号。

另外要明确的一点是：一个身份证可以申请几个视频号？从目前的规则来看，一个身份证可以实名认证五个微信号，包括支付功能在内的所有功能都不受影响。一个微信号可以申请一个视频号，所以这个问题的答案应该是一个身份证最多可以申请五个视频号，一个微信号只能申请一个视频号。

二、注册视频号时的注意事项

视频号的申请、注册其实是比较简单的，只需要在微信视频号的界面按照要求填写一些基本信息就好，比如，名称、简介、性别和地区等。这个步骤没必要用更多的篇幅，但是为了让更多的人一开始就拥有一个既便于辨认，又便于传播的视频号，还是要对一些注意事项做一些必要的分享和梳理。

1. 视频号的名字

视频号有一个响亮的名字，会让大家在第一时间记住我们的视频号，对以后的传播有非常大的好处。那么，什么样的名字才算是响亮的呢？一个独特、响亮的视频号名字通常要包括以下 5 个因素。

第一，一定要突出关键信息。一个好的视频号的名字的第一要素就是让大家一看就知道这个视频号是属于哪个领域的。前面讨论过内容定位和垂直的问题，一定要精准地体现在名字中。比如是做财经的、是做税务的、是做房产的，"财经""税务""房产"这些关键信息一定要在名字中展现出来。比如"某某说财经""某某说房产"，名字加领域，是个不错的模式。如果博主在这个领域原本就有一定的影响力，这就再好不过了。

第二，名字不能太长。视频号的名称越短就越容易被人记住。到底多长算长？一般来说最好不要超过6个字。当然字数限制也不是绝对的，但如果名字长且难记，且下方没有简介，那么人们可能根本看不出它属于哪个垂直领域。

第三，保持一致性。这就是前面提到过的"三位一体"的问题——微信号、视频号还有社群的名称，都要保持一致。不一定要完全相同，但是一定要做到关键信息要一致。如果我们在别的平台也有视频账号，还要注意各个平台的账号的一致性。

第四，不要过于小众。有些比较时尚、比较"潮"的人，喜欢把各种字母、符号、生僻字，甚至是一般人很难辨认的"火星文"用在视频号名字当中，他们觉得这才是年轻人该有的态度，不仅可以张扬个性，还会因为足够独特而给别人留下深刻印象。可是，从实际情况来看，这样的做法有些一厢情愿。特别是当有些人搜索账号时，就非常有可能与这样的账号失之交臂。

第五，不要冒用熟知的品牌名。有些想走捷径的人经常会这么做，他们这么做的初衷往往是想借用一个成熟品牌的知名度和辨识度，让大家在第一时间记住自己。这么做确实能够取得一些效果。但是，这种过于偷懒的"蹭热度""蹭流量"的做法通常会有一定的法律风险。一旦品牌方向平台提起投诉，这样名字的视频号多半是要被清空的。走这样的捷径，很有可能得不偿失。

2. 视频号的头像

好的名字一定要有一个好的头像与之相匹配。那么，什么样的头像才算是好的头像呢？

一般来说，能真人出镜是最好的。尤其是那些希望打造个人IP（Intellectual Property，指的是知识产权，如文学、影视、音乐、发明等凝聚原创作者心智的"知识财产"。在当下的网络语境中，IP的含义得到了泛化，现在多指能在多个平台进行自主传播、获得关注和流量，并得到商业变现的内容、作品、角色或主播）的人，最好能够真人出镜。而且，自己的形象一定要与自己的领域相匹配，突出自己的职业化和专业性。比如，如果是美妆博主，就要用自己的美丽形象突出自己的专业优势；如果是做法律方面的内容，则最好着职业装，突出严肃性和专业化。如果不能做到真人出镜，也可以用漫画形象代替，比如辣评、趣味解说之类的视频号。

除此之外，还可以用一些突出专业的图片作为头像。与名字的第一要素一样，重要的是突出关键信息，最好是能同时突出人和专业，如果不能兼顾，起码也要突出专业。切忌用过于抽象、不知所云的图来做头像。再有，就是不要随便下载一个俊男靓女的图片来做自己的头像，尤其不要用明星的照片来做头像。与用品牌名做视频号的名字一样，这样做确实会有一些好处，但是，也可能招致更大的麻烦。

第五节 从小白到大咖，关于认证的那些事儿

注册之后，我们就有了一个属于自己的视频号。但是，不同类型的视频号，所拥有的权限其实是不太一样的，这就涉及认证问题。要想获得更多权益，就要根据个人的实际情况进行认证。

在认证前，我们首先要了解视频号的类型。从主体来看，视频号主要可以分为企业号和个人号。这样，就分别涉及企业认证和个人认证。本节重点说个人认证，因为很多企业号都是聘请专业人士来操作的，他们的实操经验更丰富一些，本节的分享对个人号的运营者帮助会更大一些。

认证的步骤和方法如下。

打开视频号的"创作者中心"（如图 2-1 所示），便会看到视频号名称下面的"申请认证"。点进来便可以看到认证的几个类型（如图

第二章 从 0 到 1，用靓号给自己一个好的开始

2-2 所示），"兴趣认证""职业认证"和"音乐认证"都属于个人认证，最下面的是企业和机构认证。

图 2-1

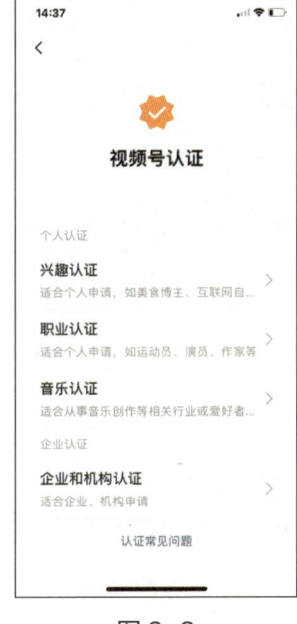

图 2-2

个人认证中包括兴趣认证、职业认证和音乐认证，这是比较容易理解的。职业认证就是要证明我们拥有某种职业的从业资格并有一定时长的从业经历；而兴趣认证比较简单，只需要证明自己喜欢、擅长某个领域即可。我们就从比较简单的兴趣认证（见图 2-3）开始实操。

（1）视频号在最近 30 天以内至少发表过 1 个内容。这一条几乎不能算是条件，很少有人注册了视频号后就把它扔在一旁不管的，在注册后的一个月里只发送一条动态的反倒是不多。这一条基本上都能满足。

（2）视频号已经填写了简介。这一条也说不上有什么难度，这是

注册视频号时一个不容易被忽略的步骤。只要是想认真运营视频号的人，在注册环节应该就已经做了这件事。

（3）视频号有效关注数在1000人以上。只要前期准备工作比较到位，一个月内认真拍摄并发布内容，一般来说，仅靠自己的社交资源进行冷启动，获得1000以上的有效关注量也不是太难的事情。所以这一条虽然有一定的难度，但是只要我们一直在认真做事，也都是可以做到的。但是，我们在认证时最好不要踩着线，不要说一看关注数够1000了，就急着马上去认证，这样很容易不被通过。因为，一

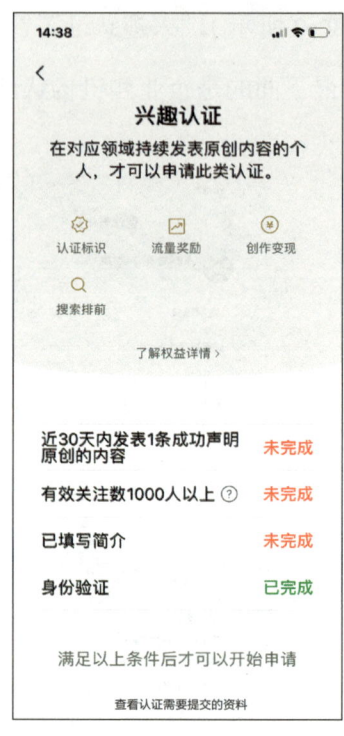

图 2-3

来有些新粉丝还没被系统辨认，二来可能有一些粉丝会被认定为无效粉丝。系统所认定的无效粉丝通常是那些没有任何互动，直接就点关注的粉丝，因为这样的行为不符合传播轨迹。特别是冷启动阶段，很容易出现这种情况。一般来说，有效粉丝的传播轨迹应该是点击、完播、评论、点赞、收藏、转发、关注，这几个要素中可能会同时出现几个。这其实就是人的行为逻辑，观众点开了一个内容，看了，觉得不错，然后才会关注。那些人情式的粉丝，其实可能对内容并没有太大的兴趣，而是直接点赞或关注，很容易被认定为无效粉丝。

（4）在自己对应的领域内持续发表原创内容。这应该算兴趣认证

当中比较难做到的一个条件。一个是原创性，一个聚焦，这对于新手来说是比较难的。尤其是兴趣认证得多，有一些自己并没有特别深的行业积累，原创性就受到比较大的限制。特别是对于一些以剪辑、搬运、解说为主的视频号运营者来说，难度就比较大。原创难度大，就特别容易出现不聚焦的情况。因此，前面一再强调一定要聚焦，一定要垂直。很多视频号认证无法通过，就是因为内容的原创性和垂直度不够。做内容，尤其是视频内容的人，一定要对自己的身份有一个清晰的认知，一定要明白，我们首先是一个学习者，然后才是一个输出者。只有高效的终身学习者，才能保持稳定的原创输出。

此外，进行兴趣认证也是需要一定条件的。兴趣认证分为三个类型，分别是互联网自媒体、互联网博主和游戏主播，它们各自又有不同的条件。点击图 2-3 中最下面的"查看认证需要提交的资料"，然后选择认证信息的类型，便可看到各自需要提交的资料，如图 2-4、图 2-5、图 2-6 所示。

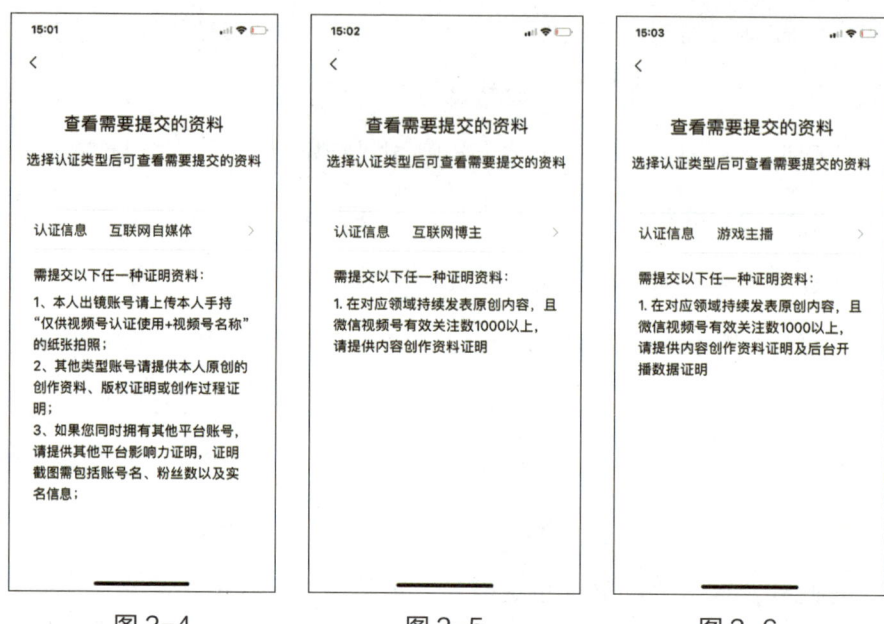

图 2-4　　　　　图 2-5　　　　　图 2-6

再说职业认证。职业认证需要在这些条件的基础上再加上一些材料证明。比如我们的在职证明、执业资格证明、获奖情况证明等。业内人士曾对兴趣认证和职业认证的不同之处做过一个总结：兴趣认证是事实认证，需要以已经达成的事实作为认证的条件；而职业认证是事实认证加证书认定，也就是除了已经达成的事实条件之外，还要加上足以证明我们的专业能力和资质的证明。我们点击视频号认证的主页面中的"职业认证"，然后在"查看需要提交的资料"页面中选择行业类型。选择行业之后便可以看到不同职业需要提交的具体资料。我们以编剧为例，如图 2-7 所示（图在下页）。

然后来说音乐认证。与兴趣认证不同，音乐认证和职业认证一样，都属于事实加证书的认证。在视频号认证的主页面点击"音乐认证"，然后在"音乐人"和"音乐达人"之间进行选择,如图 2-8 所示。

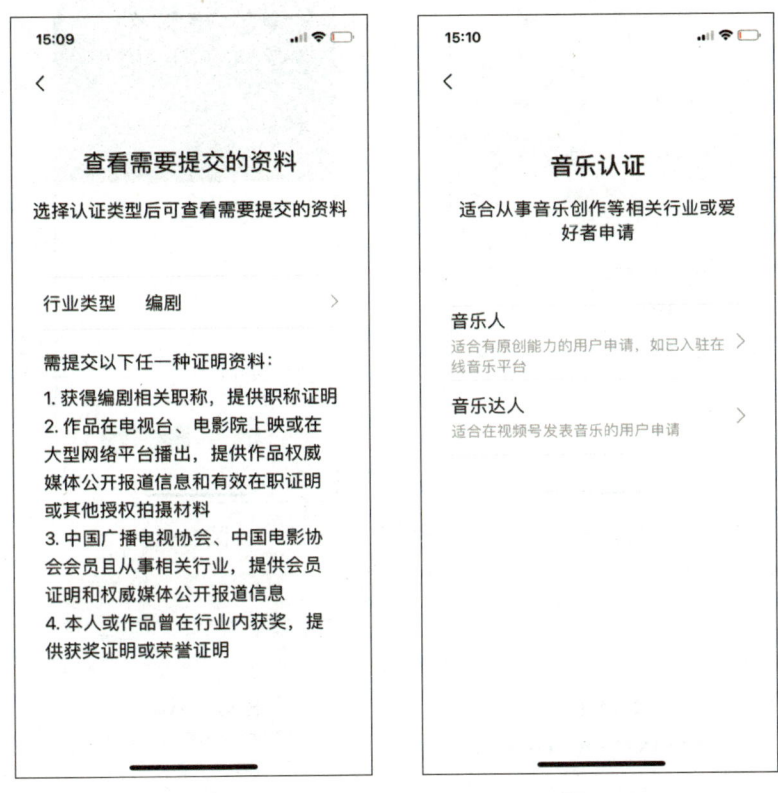

图 2-7　　　　　　　　　图 2-8

点击"音乐人"便能看到相关的条件,然后点击页面下方的"查看认证需要提交的资料"。在该页面中选择认证信息的类型,我们以音乐人为例。

音乐人的认证需要加证书认证,如图 2-9、图 2-10、图 2-11 所示。而音乐达人的认证则只需要事实认证。如果我们选择的是音乐达人认证,看到的认证条件则如图 2-12 所示。

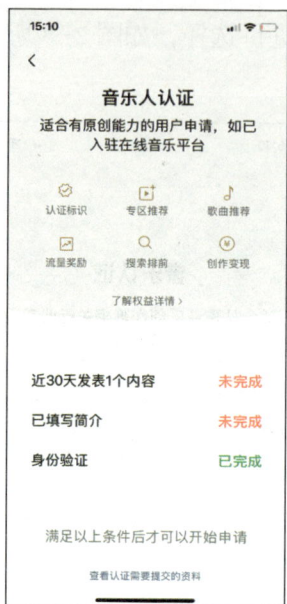

图 2-9

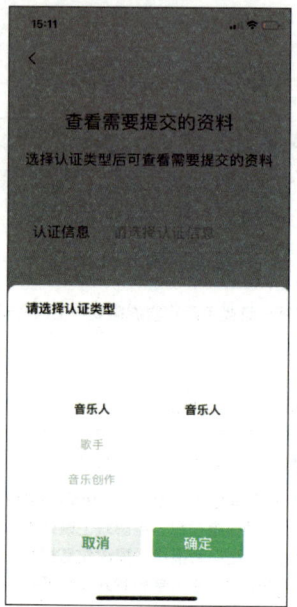

图 2-10

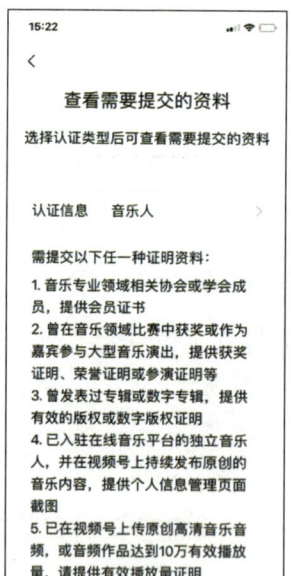

图 2-11

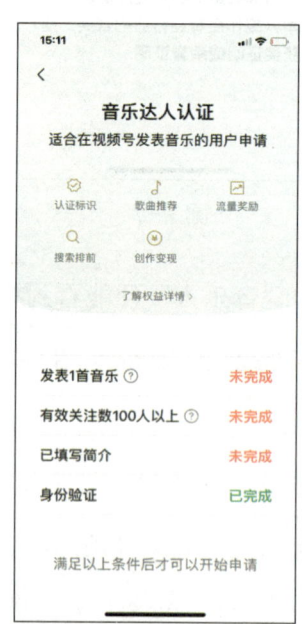

图 2-12

视频号的认证还有一种极具熟人社交推荐特色的朋友辅助认证功能，只要满足以下两个条件就可以邀请朋友进行辅助认证。

①必须是认证身份和你申请认证的身份一致的视频号作者。

②必须是跟你认识超过 3 个月的微信好友。

只要满足这两个条件，我们就可以邀请朋友进行辅助认证，他们的辅助会让认证申请审核时间变短。认证通过之后，视频号上便会有一个白色图标，这表示认证已经通过，并拥有了 1000 个以上有效粉丝。当然，这个图标的颜色会随着粉丝量的不断增加而发生变化。当视频号的有效关注量超过 5000 时，这个图标会自动变成灰色；当有效关注量超过 10 000 时，这个图标会自动变成黄色。这样的"升级"，不需要我们再做申请，我们只要做好内容，保证收获粉丝，其他的事情则由平台自动完成。

视频号的图标还有第四种颜色——蓝色。那是认证通过后的企业版视频号的认证图标。视频号的企业认证，首先需要一个与视频号名称保持一致的企业公众号，然后关联视频号就可以完成认证，这是比较简单的认证方式，但是必须保证公众号和视频号名称一致。除此之外，还可以通过视频号助手，在后台提交企业的相关资料进行认证，这种认证方式需要交纳 300 元认证费用。一个公司最多可以认证 50 个视频号，当然也需要与其相对应的 50 个微信号。

从上面的内容不难看出一个事实，那就是：就算不进行认证，只要完成了视频号注册，也是可以发布内容的。那么，我们为什么还要费力地进行认证呢？因为，通过认证后，我们将会获得下面这些权益。

增加曝光量。完成认证以后，用户在搜索时，视频号就会出现在搜索结果比较靠前的位置，特别是有蓝色图标的企业视频号和升级到黄色图标的个人视频号。认证后视频号的曝光量是没有认证的视频号所不能比的，曝光量的增加除了比较靠前的排名之外还意味着更多的推荐机会。根据视频号平台的规则，通过认证的视频号将会被优先推荐。

可以为运营者解绑。通过认证的视频号可以在视频号助手上同时绑定四个运营者。这也就意味着，视频号运营者可以不必被视频号死死绑住。我们都知道，保证及时、持续更新，以及与粉丝互动等运营活动，需要耗费极大的时间和精力。如果这些事情都要一个人做的话，这个人就会像永不停歇的机器。所以，绑定四个运营者，能保证输出者进行必要的深度学习，这是非常有必要的。

所以，认证虽然费时费力，但是绝对值得。

第三章

拍摄，用手机也要拍出大片的味道

第一节　先利其器，拍摄前需要做的准备

见过一些刚开始接触短视频的朋友，一上来就开始购置设备，完全是一副什么都要最好的架势。他们的想法很简单：有了好的装备，才能拍出好的视觉效果。其实，这么做并没有什么不妥，俗话说："工欲善其事，必先利其器。"在有些情况下，视频拍摄确实对拍摄设备的要求比较高，但是，并不是所有拍摄都需要这样。尤其是一些新手，没必要一上来就购置高端的设备，一是高端的设备需要的费用不菲，二是未必真的需要。

做视频号本质上是一种创业行为，创业者一定要懂得量入为出，尤其是在前期，绝对要以"如无必要，勿增实体"作为基本原则。视频号创业前期的收益通常比较有限，既然开源有限，那么就得想法办节流，节省下来的每一笔钱都是利润。那么，到底什么样的拍摄需要

什么样的设备？设备之外，在拍摄之前需要做什么样的准备？

其实，很多优秀的视频号作者拍摄时用的只是一部手机而已，拍摄出来的内容也很受欢迎。所以，很多人说拍短视频就是一部手机搞创业。如果进行对画面要求不是很高的室内自拍，那么用一部手机完成拍摄的确实是可以实现的。不仅拍摄，后期的视频制作也可以在手机上完成。也就是说，整个视频制作过程都可以用一部手机来完成。只要是内存大一些、清晰度高一些的手机，完全可以满足拍摄需求。现在的主流手机拍摄视频都是可以的。

当然，也可以适当使用一些辅助设备。如果在室内拍摄的话，比如拍美食、拍手工制作时，我们可以使用三脚架和补光灯。三脚架可以帮助我们从多个角度进行拍摄，并保证拍摄镜头的稳定性；补光灯则可以对室内的光照情况进行改善。如果在室外拍摄的话，为了保证镜头的稳定性，可以使用稳定器。这样，即使在运动状态下拍摄，镜头也不会晃来晃去。如果需要同期声拍摄的话，那么一个小巧的收音麦克也是有必要的。它能过滤掉杂乱的背景噪音，保证声音清晰稳定。这几个小设备的作用还是很大的。视频时代，人们对视频的画面越来越挑剔，尤其受不了的就是光线昏暗不明，或者是镜头抖得眼晕，也接受不了嘈杂和飘忽的声音。这算是对视频的基本要求，也是硬性要求。任何一项做不好，都很难有好的传播效果。上述这些设备对于刚入门的人来说，已经足够了。运用得当，完全可以拍出很好的视频。

如果对拍摄确实有更高的要求，比如拍户外的大场景、大视野，就需要有航拍专用的无人机，需要有云台、单反、微单、摄像机等，才能拍摄出更美、更大气、更具有震撼力的画面。但是，从实际情况来看，能够拍摄这些画面的都是比较专业的团队，无论在资金还是在技术方面，都有着绝对的优势。对于一般玩家来说，用一部主流的手机，再加上上述这些小的辅助设备就足够了。

第三章 拍摄，用手机也要拍出大片的味道

第二节 熟悉几种常用的镜头语言，让镜头会讲故事

了解了拍摄设备后，要想拍出好的画面，还要了解几种最常用的镜头语言。有人说，拍摄就是用镜头讲故事的艺术。只有对镜头语言足够熟悉，才能让镜头按照拍摄者的需要把故事讲好。

什么是镜头语言？就是不同的镜头在故事讲述中所展现出的不同含义。我们需要从两个不同的维度来理解其含义的不同，分别是景别和运镜方式。

一、从景别理解镜头语言

关于景别，我们没有深究其概念的必要。只需要记住，景别主要有五个大的分类，分别是特写、近景、中景、全景、远景，即镜头与被摄主体之间的距离不同时，出现在镜头里的景象范围大小的区别。

记住了景别的种类,就等于理解了它们的概念。这几种景别是按照由近及远进行排序的,我们也按照这样的顺序,来依次了解它们。

特写,是摄像机在很近的距离进行拍摄。近到什么程度?以拍摄人物为例,如果把摄像机对着人的上半身,人肩部以上的部位都出现在镜头里,这个距离所拍摄的景物就是特写镜头(如图3-1所示)。特写镜头的好处在于能够展现和突出细节,特别是在人物情感的渲染方面有着重要作用。

还有一种更近距离的拍摄叫作大特写,还以拍摄人物为例。大特写展现的是比特写还要细的细节,比如人的眉毛、眼睛、鼻子等。大特写在细节的展现上可以说是细致入微,比如泛红的眼圈、挑动的眉毛、抽动的鼻翼、弯曲的嘴角……这些细节能够准确无误地把人物的情感和心理表现出来(如图3-2所示)。

图3-1

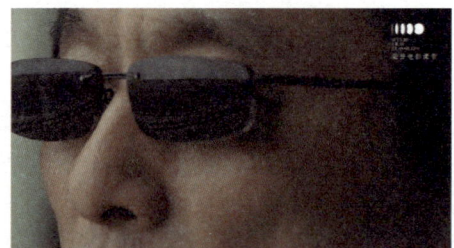
图3-2

比拍摄特写的距离远一些,画面稍微开阔一些的叫作近景。还是以拍摄人物为例,特写的拍摄画面是肩部以上,近景的拍摄画面则是胸部以上。近景也经常用来拍摄景物的局部画面,如图3-3所示。

拍摄距离再远一些所形成的画面就成了中景,中景的人物拍摄的是小腿以上的部分。

近景和中景之间的拍摄距离叫作中近景，又叫半身景。以人像腰部以上入镜为准，如图 3-4 所示。

图 3-3

图 3-4

比中景再远一些的就是全景，全景的"全"说的就是被拍摄的人物全身入镜。全景又可以分为大全景和小全景，大全景的拍摄距离较远，除了人物之外还能拍摄到人物所处的环境。一般用来交代人物和环境时会用到大全景，如图 3-5 所示。小全景距离较近，拍摄的画面

图 3-5

仅能保证人物形象的完整，如图3-6所示。

图3-6

拍摄距离再远一些的就是远景了，环境的侧重点在于展现环境的广袤和深远辽阔，人物在画面中所占的比例非常有限。比远景更远的还有极远景，最常见的极远景就是航拍的画面。这个拍摄距离是非常远的，画面也非常开阔，如图3-7所示。

图3-7

我们不是专业的摄影师,实际操作时只需要了解上述几种景别的区别就够了,没必要再做过于细致的区分。

二、从运镜理解镜头语言

运镜又被称作"运动镜头",是摄像机在运动中拍摄的镜头,运镜方式是以拍摄对象为参照物来使摄像机运动的方式,是相对于固定位置的固定拍摄来说的。

按照摄像机运动方式的不同,运镜方式可以分为推、拉、摇、移、跟、升、降、俯、仰、甩。当然,如果再细分的话,还有别的运镜方式,对于用手机拍摄来说,了解这些就足够了。

推,就是被拍摄的对象不动,摄像机朝着被拍摄对象推进。随着镜头的推进,取景的范围越来越小,被拍摄对象的细节越来越清晰。当我们用手机拍摄时,可以理解为拍摄者拿着手机逐渐靠近被拍摄的对象。当拍摄者想要让主体的某些细节逐渐突出,给人留下深刻印象时,推是一种不错的运镜方式。

拉,跟推的逻辑相同,但是方向相反。我们可以理解为拿着手机一步步远离被拍摄对象。随着距离不断增大,取景的范围越来越大,拍摄到的景致也由局部变成整体。当拍摄者想要让被拍摄对象渐渐融入周围的环境当中,利用环境来烘托某种情绪时,拉就成了合适的选择。

摇,拍出来的感觉就像是观众在围着被拍摄对象转圈,进行360°无死角的观察。当我们需要对被拍摄对象进行全方位的细节展现或者是交代周边的环境时,那么使用摇的方式最合适。具体的拍摄方式就是拿着手机围着被拍摄对象做上下左右的运动，或是站在原地环顾四周，对周边的环境进行拍摄。

移，可以有两种理解。一种是移动拍摄，从这个维度理解的话，我们所有的运镜方式都可以算是移，这算是广义的移；还有一种狭义的移，指的就是水平方向的移动。

跟，可以简单理解为跟踪拍摄，跟的过程中也可以推，也可以拉，还可以摇，重要的是跟在被拍摄对象后面进行拍摄。

升，就是镜头由下到上进行拍摄，拍摄的过程中镜头始终是在做上升运动。

降，就是从上到下进行拍摄，拍摄的过程中镜头在做下降运动。

俯拍和仰拍算是两种相对比较固定的拍摄角度。俯拍是从上往下用俯视的角度进行拍摄，仰拍则是从下往上用仰视的角度进行拍摄。俯拍多用于景物的拍摄，能够很好地展示环境，给人一种开阔的感觉；仰拍或用于拍摄人物，能够更好地突出高大的人物形象，或用于拍摄景物的雄浑气势。

甩，就是把镜头从一个拍摄对象快速转移到另外一个拍摄对象上。拍摄对象的快速变换对于烘托剧情、制造紧张感、提升剧情的张力等有很大的帮助，也经常会在转场时使用。

我们要想用一部手机把故事讲好，就需要不断摸索，不断学习，不断提升。了解了最常用的景别和运镜方式，已经相当于有了一个不错的开始。只要我们不断熟悉每种景别的特点和每种运镜方式的优势，假以时日，我们完全可以成为一个拍摄高手。

第三节 学会构图，让画面变得更漂亮

刚开始拍摄的人经常会有一个疑问——为什么同样的景致，同样的设备，同样的推拉摇移跟，别人拍出来的画面是大片的味道，而自己辛辛苦苦拍出来的画面却怎么看都觉得别扭。很多人都向别人请教过，但是得到的回答基本上都是："这个就是手感的问题了，别着急，慢慢来。拍得多了，找到感觉就好了。""拍摄其实也是讲究天分的，有的人一上手就有感觉，有的人拍几年都不见得行。多用点儿心，慢慢悟吧。""你多看看别人拍的吧，看看人家是怎么拍的，多向人家学学就好了。"

这样的回答也算是比较靠谱的了，事实上也确实是这些道理。但是，这些答案只是指出了进一步提升的方向。在这个努力的方向上，真正有价值的到底是什么，他们没说明白。或者说，回答问题的人可

能也真的说不明白。所以，这些听上去逻辑正确的答案，既好像说了，又好像没说。听的人，既好像懂了，又好像没懂。那么，有没有一些操作性强的方法论能够让大家在手感养成时多一些保障呢？在现实中面对这样的提问，我通常的做法是与提问者聊聊构图的问题。

构图是让画面好看非常重要的一个因素。不管拍什么，只要是画面，就要遵循构图的基本原则。关于构图的概念，我们可以理解为对自然景致进行重新组织、安排的艺术。真正浑然天成的景致很多时候是可遇不可求的，更多的天然其实是无序和杂乱的。我们从视频里看到的精致又协调的自然，其实是构图高手经过合理排序的结果。懂得构图原理的人，从来不是拿起手机就拍的。而是先在大脑中进行预演和编排：拍摄的主题是什么？需要什么样的景致？他一定是先去找景。找到与主题相匹配的景致之后，根据景致和主题，重新进行编排：哪些需要入镜？哪些需要舍弃？是横着拍，还是竖着拍？要突出什么？用什么来衬托？先拍什么后拍什么？要形成一个什么样的画面？画面之间怎样去转换？这些都要先做到心中有数才去拍。而这个在大脑中预演的过程，就是我们的大脑对自然画面进行重新编排和再加工的过程，我们可以将其理解为拍摄之前的构图。

那么关于构图，有没有一些基本的规则能够让新手循着轨迹去提升呢？以下就分享几个基本构图法则，这样，再遇到这样的问题就不至于一听就会，一做就错。

（1）三分法。三分法是最基础也是使用频率最高的构图法则。合理使用三分法可以让画面清爽透气。画面的透气性很重要，不然，人在观看时就难免会有一种憋闷感。具体的做法就是，把一个画面分作三份，把要重点突出的部分放在画面的三分之二的位置上，就是在视线的方向上留出三分之一的空间出来。如果是用手机拍摄的话，那就更方便了。手机在拍摄模式会有自带的九宫格，我们只要把拍摄对象放在九宫格中间的四个交叉点上——只要主体在四个交叉点的任何一点，就算是符合三分法要求的，如图3-8所示。

图 3-8

（2）垂直线构图法。当我们的拍摄对象是笔直的树木等比较符合直线特征的物体时，垂直线构图法就成了最好的构图方式。采用这样的构图方式，拍摄出的画面更能突出景物高大的特征，如图3-9所示。

图 3-9

（3）对称构图法。对于一些比较容易找出对称中心的拍摄对象，比如，故宫中的许多建筑、天坛的祈年殿等就是一种非常典型的对称建筑，采用对称构图法拍摄就成了最好的选择，如图 3-10 所示。

图 3-10

（4）中心构图法。就是把拍摄对象放在画面的中心。使用中心构图法拍摄出的画面最大的特点就是能够让主体更加突出，同时还能保证画面平衡，给人一种严谨、庄严和稳健厚重的感觉，如图3-11所示。

图3-11

（5）水平线构图法。拍摄草原、大海、沙漠、原野等这些开阔宏大的场景时最适合采用水平线构图法。用水平线构图法拍摄，最重要的就是画面的水平性，关键在于寻找合适的参照物，比如海平面、地平线，都是天然的参照物，如图3-12所示。

图 3-12

（6）引导线构图法。就是利用画面中那些具有一定方向性的、连续的元素来引导观众的目光，然后在画面的某一点上完成聚焦，如图 3-13 所示。比如一条蜿蜒的路、弯曲的河流、时隐时现的山涧、飞机后面那条长长的尾迹、山林中一排彩色的林带……这些能够引导人们目光的元素就叫引导线。

图 3-13

（7）框架构图法。这是一种利用框架使观众的目光聚集在某个点或者是某处景致的构图方法。比如，通过一扇窗去拍窗外的云；窗台外摆着几盆花，拍花盆时，把窗子一起拍进去，如图3-14所示。需要注意的是，使用框架构图法时要确保框架内的亮度要高于框架外。这样才能把人们的目光聚焦在框架内。

图3-14

当然，以上只是最常用的几种构图方式，能够帮助我们把杂乱无序的景致重新进行编排。但是，这些构图方法需要我们灵活运用，只有能够灵活运用的人，才能拍出有自我特色的作品。不过，刚刚起步时，更重要的是要根据不同的景致特色选择不同的构图方式来拍摄。我们的头脑里有了这些常用的构图方式，在想到构图的时候才不至于茫然无措。一时拿不定主意的话，那就把这些常用的方法都试一下。还是那句话——多拍多练多看。慢慢地，思考的时间就会越来越短，渐渐会达到"运用之妙，存乎一心"的境界。

第四节 单兵作战的自媒体人最常用的拍摄手法

在视频号的战场上,有一群孤胆英雄。他们让自己一个人成为一个团队,拍摄、剪辑、运营……所有事情都由自己完成。这就注定了在内容领域之外,他们在其他环节上很难在短时间内达到专业水平,包括在视频的拍摄上。所以,他们在拍摄时通常会选择最为简单、方便的拍摄方法。

如果需要自己真人出镜的话,那就只能采用固定机位的拍摄,这在视频内容分类中叫作固定口播。口播的意思很容易理解,就是人对着屏幕说话,比如读书类、时事解读类、知识分享类视频。这种视频的拍摄非常简单,只需要布置好背景,调整好机位就可以。这类视频考验的是主播的演讲、表演能力以及台词脚本的水平。如何在相对单调的背景和拍摄手法下让观看者保持足够的好奇和热情,这就要靠优秀的脚本、不断抛出的金句和风趣幽默的讲述来吸引人。这类视频的拍摄，需要注意的是背景的布置、机位的角度、出镜时的礼仪和状态、台词的流畅。我们分别来看这几点。

1. 简约而不简单的背景

这类视频的拍摄背景多以办公室、书房或纯色虚化的背景板为主。知识分享类视频多用书房作为背景，干净的书架上一排排整齐摆放的书籍营造出浓厚的文化和学术氛围，突出人物的身份。财经类、管理类视频多数用办公室作为背景，也会给人以专业的严肃感。生活类视频可以以客厅作为背景，纯色的墙体做一些虚化处理，餐桌上摆上别致的小盆栽，浓浓的生活气息就有了。分别如图3-15、图3-16所示。

图 3-15

图 3-16

2. 具有互动感的拍摄机位

这类视频拍摄时没有太多的推、拉、摇、移、跟、甩的运用，也没有太多中景、远景、近景的变换，只需找到一个合适的机位，然后把它固定住就不再轻易调动。也正因为机位是相对固定的，就需要格外注意机位的选择。

要根据视频尺寸的大小来调整手机和人物之间的距离；景别一般以桌面和人物的上半身都能够入镜的中近景为主，可以根据具体的情况加以调整。横屏拍摄时，画面高度受限，要注意人物头顶与镜头上缘之间的空间；竖屏拍摄时，画面宽度受限，要注意画面左右的空间，一方面要避免因为动作幅度大而使人物跑出画面，另一方面要为后期的剪辑留出空间。人物离镜头也不宜过近，直接对着脸拍很容易给观众带来压迫感。镜头摆放的位置多以正面或微侧面为主，因为这样的角度更符合我们日常沟通时双方的位置和角度。在这样的位置和角度，镜头里的人和镜头外的人就有了对话和互通的感觉，如图 3-17 所示。

图 3-17

3. 淡妆是出镜的基本礼仪

拍这类视频时，一定要化妆，最好是痕迹不很明显的淡妆。化妆对于女生来说是一种基本技能，但是有些男士表示不太理解：为什么一定要化妆？为什么还得是淡妆为佳？就因为拍摄的距离很近，几乎就是日常沟通时的距离，这样的距离，观众是能看到很多细节的，包括主播的表情和神态，所以，除了化妆之外，还要注意自己的精神状态。最好在精神饱满的时段拍，因为我们的疲惫感哪怕很细微，也很容易被镜头捕捉到。这是因为为了保证画面的质量，在拍摄时经常会用到补光灯。在补光灯之下，人的精神状态会一览无遗地全部展露在镜头前。

4. 语言顺畅才有感染力

同样是一个人对着镜头说话，有的视频感染力非常强，而有的视频虽然内容很好，有很多干货，很有道理，但是就是因为主播说话时或磕磕绊绊，或经常下意识地停顿，或用毫无意义的语气词等，从而让人感觉很尴尬。这种差别是怎么出现的？不排除有些人天生就口才极佳，极富表演天赋，但是更多的情况是，他们用了提词器。当然，提词器的存在绝对不是为了让我们跟着读，这样拍出来的视频是没有灵魂的。不管拍哪个领域的视频，拍摄前一定要有出色的脚本，一定要下记脚本的功夫。而提词器的存在，给主播的是底气，让我们在拍摄时不再有忘词的顾虑。人在没有顾虑时，感觉才能出来。主播说话时一口气贯通下来的那种气息顺畅感，看视频的人是能感觉到的。

第四章

剪辑，爆款内容离不开剪辑的二次创作

第一节　剪辑高手都在使用的手机剪辑神器

完成了视频的拍摄后，下一步并不是发布，而是剪辑。剪辑是拍摄和发布之间不可或缺的一环，是对拍摄内容的二次创作。没有经过剪辑的拍摄内容完全不能称之为作品，最多只能算是素材。

所幸的是，现在很多好用的剪辑软件让剪辑变成了一件虽然重要但却并不太难的工作。视频号的官方宣言是"人人皆可创作"，其包含的意思包括：仅用一部手机就可以拍摄并完成剪辑。也正是有了这些剪辑软件，人人皆可创作的理念才得以实现。所以，在这一节，我们来认识一下那些让我们一看就能上手的剪辑神器。

一、剪映

这是一款操作简单、功能比较全面的剪辑APP。它在众多剪辑软件中面世比较晚，也正是因为这样，才让它学到了很多同类软件的优点。我们来盘点一下剪映的使用较多的几个功能。

1. 视频剪辑

作为一款简捷方便的剪辑软件，剪映被使用最多的自然是视频剪辑功能。打开剪映，点击"开始创作"，把拍摄好的视频素材导入进来，视频素材一次可以导入多个。选中需要剪辑的素材，点击"剪辑"就可以进行剪辑工作了。导入的素材，剪映默认为"照片视频"，指的是拍摄的视频和照片。以上如图 4-1、图 4-2、图 4-3、图 4-4 所示。除此之外，还可以把"视频"和"照片"切换为"剪映云""素材库""AI 素材"，然后把这些地方的素材导入进来为自己所用。在"照片视频"模式下导入自己拍摄的素材时，可以在"视频"和"照片"之间进行切换。

图 4-1

图 4-2

图 4-3　　　　　　　　图 4-4

素材导入后便可以对视频的片段进行截取，只需要把视频拖动到需要剪辑的部分，点击"分割"就可以完成视频截取，不用的部分直接删除就好。分割后的视频素材还可以在衔接处添加转场特效。还可以为单个视频添加特效，模糊、虚化、磨砂纹理、电影感，等等。

导入素材时，为了确保素材的画面质量，可以点击右下角的"高清"。为了确保剪辑后的视频的画面质量，可以在添加素材后点击页面上方的"1080P"对画面的分辨率、帧率、码率等进行设置。如图 4-5、图 4-6、图 4-7 所示。如果是在 GIF 模式下，则能对图片质量进行相关设置。

第四章 剪辑，爆款内容离不开剪辑的二次创作

  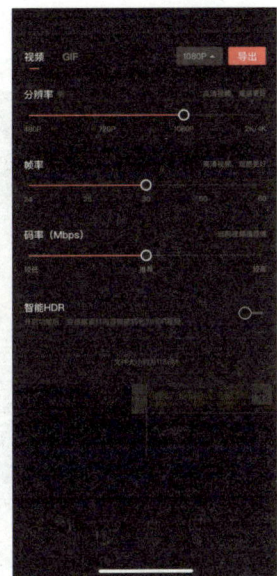

图 4-5　　　　　　　　图 4-6　　　　　　　　图 4-7

2. 添加背景音乐

优秀的视频内容不仅要有好的画面感，还要有合适的音乐来烘托气氛。所以视频剪辑工作完成以后，下一步就要考虑背景音乐的添加了，这也是视频剪辑软件非常重要的一个功能。这时候需要两个动作，首先，点击"关闭原声"，把拍摄时不小心收录进来的噪音杂声清除干净；然后，点击"添加音频"，就可以添加背景音乐了。

选择音乐时，点击"音乐"，既可以在剪映自带的音乐素材库里进行挑选，也可以导入自己手机中已下载的音乐；点击"提取音乐"，按照视频截取的方法，可以从音乐中只截取自己需要的部分，也可以从别的作品中提取音乐；点击"音效"，可以添加各种音乐效果；点击"版权校验"，可以对即将使用的音乐进行版权核对，以免出现侵权问

题。部分步骤如图 4-8、图 4-9 所示。

图 4-8

图 4-9

3. 添加字幕

如果说背景音乐和音效是视频作品的灵魂，那字幕绝对是一个视频的标配。对于已经习惯读字幕的人们来说，看一段没有字幕的视频感觉是非常别扭的。如果是有对话和声音的视频内容，在剪映里面为视频添加字幕有两种方法可供我们选择——①可以点击"识别字幕"和"识别歌词"来完成对字幕的添加，如图 4-10、图 4-11、图 4-12 所示；②如果视频中没有声音和对话的内容，则可以选择手动添加字幕的方式。这两种添加字幕的方式都是免费的。在剪映中为视频添加字幕时还可以选择设置样式，或者是为字幕添加动画效果，这相对于其他剪辑软件来说是一个比较明显的优势。

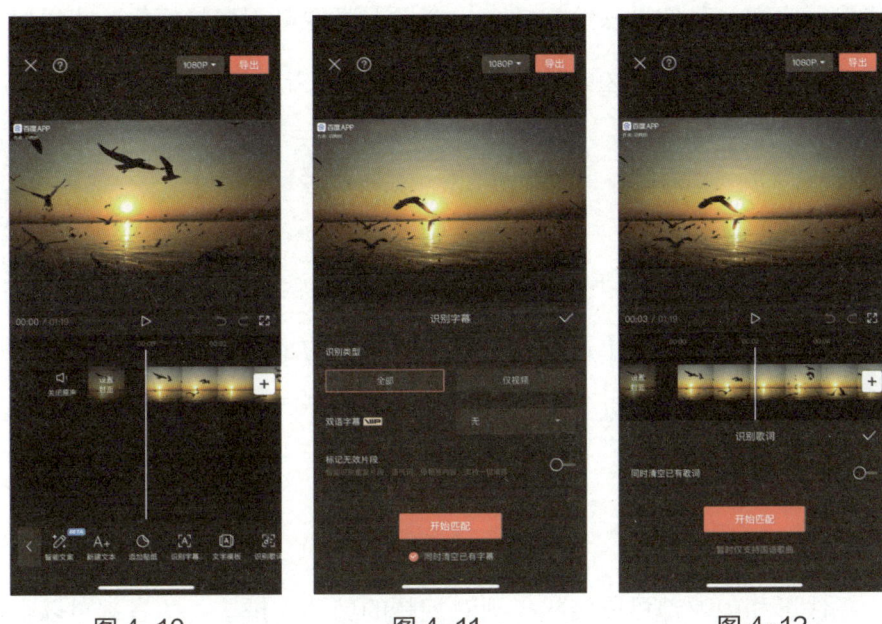

图 4-10　　　　　　图 4-11　　　　　　图 4-12

4. 自动卡点

自动卡点又叫自动踩点，卡的是一段视频中音乐的节奏和旋律。所谓的自动卡点就是软件可以自动帮我们找节拍，并在视频中对这些点进行标记。我们接下来只需要根据这些标记进行剪辑即可。这样能够让视频和音频更好地融合在一起。值得一说的是剪映的音视频轨道，这种比较自由的音视频轨道为后期的音视频融合提供了很多方便，不仅可以为视频添加合适的音效，还可以从其他视频中提取其背景音乐为自己的视频所用，甚至可以录制解说旁白。

5. 添加特效

美颜、贴纸效果以及其他众多很神奇的视频特效也是剪映的一大优势。比如，我们可以给视频套一个怀旧版的电视机的模板，也可以添加一些别的特效，这些都会使我们的视频变得更加独特。

二、快影

作为一款同样在手机上就能操作的剪辑软件，快影的基本功能与剪映的大致相同，不过也有一些细微不同的地方。对于剪映我们已经有了系统的了解，以下可以从它们的功能异同的对比中了解快影的特点。

1. 视频剪辑功能

快影和剪映都可以轻松实现对视频的剪切和拼接。两者都可以很轻松地把几段素材各自进行剪切，然后把精华部分进行拼接，完成对视频作品的编排与创作。

2. 变速功能

快影和剪映都可以轻松实现对视频节奏的掌控，这主要依赖于它们都有的视频变速功能。

3. 滤镜和倒放功能

使用快影和剪映都能轻松做出炫酷的视频，这得益于它们都有丰富的转场效果、精美的滤镜功能，尤其是炫酷的倒放功能。快影在这些功能上与强大的剪映相比，毫不逊色。

4. 音效和背景音乐的添加

快影可以轻松实现音效和背景音乐的添加，便捷的操作、丰富的音效和强大的音乐库让快影在对视频的听觉处理上与剪映同样出色。

5. 贴纸和字幕

快影有与剪映一样出色的视频贴纸功能，能够把视频装扮得更加漂亮。而在字幕的添加方面，快影可能还要更胜一筹，因为它可以把各个短视频平台的热门文案拿来为自己所用。

三、快剪辑

快剪辑也是一款仅靠手机就可以操作并且免费的剪辑软件。其功能和操作方法与剪映、快影大致相同，所不同的是快剪辑在视频的装饰功能方面更加出色。比如，其装饰功能中所提供的透明通道的热门素材，如淡入淡出、滑入滑出、弹入弹出、旋入旋出等动态效果的设置，而且，这些透明通道的素材使用起来也更加方便，使用混合模式一键添加即可，不需要重新进行剪辑。

剪映、快影和快剪辑都是在手机上就能完成剪辑的免费软件。它们不仅拥有完备的视频剪辑功能，而且，它们最大的特点是简单、易操作。即使没有任何剪辑经验的新手，也能很快上手。当然，随着技术的不断提高，想要做更进一步的提升的话，后期还可以在电脑端使用更加专业的剪辑软件进行更多操作。不过，对于一般的视频号作者来说，熟练使用上述这三款软件就可以了。

第二节　拥有短视频剪辑思路是剪辑师的基本素养

上一节认识了几款简便、好用的剪辑软件，这一节我们来看看最常用的剪辑思路。拥有了剪辑神器，再配以最容易上手的剪辑思路，剪辑工作就会变得得心应手。

一、一镜到底中的变化

一镜到底在影视剧中运用得比较少，但是在短视频，尤其是个人拍摄的短视频中运用却是最多的。但是，同样是一镜到底的拍摄，在高手的手里也能拍出不同的感觉来。

跟拍是一种比较常见的一镜到底的拍摄形式，比如记录乡村生活的主播，很多用的就是一镜到底的拍摄方式。只不过他们所用的一镜到底的拍摄方式并不是说整个拍摄过程一直都保持同样的机位和景深，而是主角始终都在镜头里活动。这种情况下，拍摄者手里的镜头就像观众的一双眼睛，可以跟在主角的身后，也可以绕到主角的前面。必要时，躲在镜头后面的拍摄者还可以代替观众完成与主角的互动。这种特殊的一镜到底的拍摄方式，最大的好处就是能够营造出沉浸式观看体验。人们看着视频中记录的点点滴滴，就像是自己在和主角一起亲身经历，这种真实又亲切的在场感是别的方式很难拍出来的。我们使用这样的拍摄方式时，到底要不要进行剪辑？答案是：如非必要，不用为好。

还有一种特殊的一镜到底的拍摄方式，就是整个拍摄过程真正是一镜到底。机位、景深和背景都是固定的，这种标准的一镜到底的方式拍出来的视频的变化在于剪辑。其实也很简单，就是对视频画面进行缩放，不同的缩放比例会形成不同的景深效果。然后再根据视频内容，保证每说完一句话或者是每表达完一个完整的意思后就切换一次，这同样也可以营造出丰富多变的观看体验。

二、色彩和构图的变化

对于剧情类视频的剪辑来说，色彩和构图的变化是非常重要的一环。一个视频的色调对于推动剧情的发展和烘托情感都是非常重要的，但是在拍摄的时候，环境的光线明暗未必如剧情需要的一般，我们可以在剪辑时通过改变色彩和色调的方式来实现。轻快的剧情，色彩可以鲜亮一些；伤感的剧情则适合暗一些的色调。同样，视频的构图也可以根据具体剧情的需要，在后期剪辑时进行调整。色彩和构图与剧情的亲密融合也是后期剪辑的重要思路。

三、时间线和故事线的完整展现

一个剪辑师的基本素养除了剪辑手法之外，剪辑逻辑也必不可少。所谓的剪辑逻辑，就是将所有素材通过剪辑手法重新融合在一起的那条线，比如时间线或故事线。时间线就是按照时间的先后顺序，把不同的素材剪切后重新连接在一起。时间线可以以年为单位，可以以季节为单位，可以以分钟为单位；可以用春天的花、夏天的雨、秋天的落叶和冬天的雪剪出四季的轮回；可以用日出、日中、日落，以太阳和光影的变化剪出一天的时间变化；可以在不同的素材之间用一个快速走动的钟表，拍出几分钟、几个小时的变化；等等。而所谓的故事线，就是根据剧情的起承转合来合理剪辑素材。

第三节 最常用的 10 种剪辑手法

除了最基本的剪辑思路，我们还应该熟悉一下最常用的剪辑手法。本节将介绍剪辑时使用频率最高的 10 种剪辑手法。当然，这 10 种最常用的剪辑手法是针对视频的画面而言的，关于字幕和音效部分，将用单独的篇幅来介绍。

1. 动作顺切

动作顺切又叫动作顺接，可以理解为在拍摄对象运动的时候，我们利用其动作的连续性和动作之间的逻辑关系来完成不同镜头之间的切换和衔接。使用最多的就是表现人物的手脚之间的关系，这算是动作顺切的最基本的操作。还有些人在剪辑时利用拍摄对象姿势的变化、场地的变化以及道具轨迹进行剪辑。我们可以将其分别理解为：镜头跟着腿脚走；镜头跟着姿势变；镜头跟着道具走。比如，在一些动作电影里，主角一拳打向对方的时候，镜头也随着切换到对方身上；当人物转身时，镜头也随之切到相反的方向；当主角射出一发子弹后，镜头也会随之切换到弹着点附近；等等。

2. 离切

如果动作顺切是在两个画面之间进行剪辑的话，那么离切则是在三个画面之间进行变换，也就是画面先切到插入镜头，再切回主镜头。插入的镜头既可以与人物在不同的空间，也可以与人物在同一空间。如果需要用一个更加形象的方式来形容离切的话，我们可以将其想象为三明治剪辑法或是夹心式剪辑法，就是前后两个画面都是主镜头，中间为一个插入镜头。比如人物正在往前走，突然有一个花盆掉落在他前面，镜头切换到花盆掉落的画面，随后马上再切回到人物惊恐的画面。这种方法可以很好地展现人物内心的变化。

3. 交叉剪辑

交叉剪辑就是镜头在两个场景的画面之间来回进行多次切换。这种剪辑方式既可以有效地渲染紧张感，也可以用来展现主角的内心状况。比如，正反两个角色处于对峙状态时，镜头在两个人的面部来回切换，那种随时都会爆发的紧张感就出来了。或者是人物在面对不可思议的恐怖场景时，镜头在恐怖场景和人物的脸上来回进行切换，人物内心的极度恐惧就会展露无遗。

4. 跳切

跳切就是对不同画面的同一镜头进行剪接，同一镜头下的画面变化通常用来表现时间的变化，或者表现急迫感。比如，镜头里是一棵树，画面从枝头的嫩芽切换到枝繁叶茂的画面，再切换到树叶飘落的画面，最后切换到树杈间压满积雪的画面，这样，一年四季的转化就变现出来了。

5. 匹配剪切

经常有人把匹配剪切和跳切混为一谈，这是因为它们都是在相似的镜头和画面之间切换。所不同的是，跳切是镜头不变，画面变化；而匹配剪切则是画面、动作相似，场景镜头变化，就像是同一个剧本在各种场景下的翻拍，人物造型相似，动作、对白也相似。

6. 叠化

这种把一个镜头叠加到另一个镜头上的方式在蒙太奇表现方式中经常使用，也指用同一种镜头进行叠加。这种方式既可以用来表现时间的流逝，也可以用来做柔和的转场。比如，拍摄人物回忆往事时，不同场景、画面在人物的脑中不断叠加，表现出人物慢慢沉入对往事的回忆中。

7. 淡入淡出

这种方式主要用在某个情节开始或者结束的时候，或是从全黑的镜头中慢慢浮现出清晰的画面；或是画面逐渐变暗，一直到全黑，清晰的画面逐渐隐没在全黑中。前者是常见的开始，后者则是常见的结束方式。

8. 跳跃剪辑

所谓的跳跃剪辑，就是中间没有过多的过渡，直接从一个画面突然切换到另外一个画面，而且通常两个画面的差别还比较大。这样的剪辑手法常常能够营造一种出其不意的紧张感。比如主角一个人行走在寂静的巷子里，突然一只手拍在他的肩膀上。

9. 划像

相对于跳跃剪辑来说，划像是两个画面之间比较温和的过渡，通常是过渡前后的两个画面同时存在于镜头中，两个画面中间会有一条分界线，这条分界线从后一个画面向前一个画面移动，直到把前一个画面"挤出"镜头，就完成两个换面的切换。

10. 圆形划像

圆形划像就是用一个黑色圆形效果图代替分界线完成画面的划入或划出。这种过渡方式比其他过渡方式多了一些趣味，算是比较好玩的一种结尾方式。

第四节 字幕和音效：它们对了，气氛就浓了

这一节，我们来熟悉一下添加字幕和音效时常用的一些方法和技巧。熟悉并熟练使用这两种技能，能够帮助我们做出更加优秀的视频内容。

一、短视频添加字幕的技巧

1. 自动识别字幕

我们前面提到过，添加字幕最简单的办法就是自动识别字幕。一段有语音的视频内容，或是后期配音的录音，都可以识别。只要在剪映的视频编辑的主页面里点击底部的"文本"选项，然后再点击"识别字幕"，就会弹出一个"同时清空已有字幕"的提示框，选中这个提

示框，然后点击"开始识别"，就可以批量添加字幕了。勾选"同时清空已有字幕"主要是为了清空上一次识别过程中的错误字幕。

2. 字幕样式的调整、优化

对字幕样式进行调整优化主要包括字幕样式的设定、字幕字号的大小、字幕所在的位置、字幕中错别字的检查和改正，以及对字幕条长短进行分割等。点击字幕条，然后再点击底部的"样式"，就可以对字幕的样式进行设定了。如果需要调整字幕字体大小的话，就按住字幕文本框右下角的图标，斜向以45°角拖动就可以了；如果要调整字幕的位置，直接按住字幕文本框移动即可。

字幕添加完成以后，可以在时间轴中拖动视频，快速完成对字幕的检查。如果发现有错别字，双击字幕，系统就会自动弹出编辑框，我们就可以进行修改了。除此之外，还需要看一下字幕条的长短，有时字幕条过长，会超出镜头的边界。一旦字幕条过长，首先要考虑的是通过调整字号来缩短字幕条；其次，可以把过长的字幕条分割成较短的两个字幕条，这需要先选中字幕，然后拖动时间轴指针到适合分割的位置，最后点击底部的"分割"。除了必要的检查、修改和调整字幕条的长度外，字体、字号等一旦设定完成，尽量不要轻易改动。

二、添加音效和背景音乐的三点注意事项

1. 版权永远是一条不可逾越的红线

为视频添加音效和背景音乐，最重要的一点就是要有版权意识。

我们前面提到的剪辑软件里都有音乐素材库，里面都有大量可以免费使用的素材。如果平时自己没有积累太多的音乐素材的话，就尽量在剪辑软件的素材库里选合适的音乐使用。当然，其他平台如果有特别合适的音乐，自然也可以使用，热度高的背景音乐对于视频的传播有非常大的帮助。但是，首先要确认音乐素材的版权情况。确定在不存在版权问题的基础上使用音乐素材，这是背景音乐的一条不可逾越的红线。

2. 喜欢的不一定是最好的

在保证版权的基础上，选择音乐素材的另一个重要的原则是，大家喜欢的才是合适的。所有人都明白一个道理，就是要选择好的、合适的音乐。但是依然有不少人选不好，关键就在于判断标准。什么是合适的？很多人难免会本能地用自己的喜好来判断，下意识地把自己喜欢的当成最合适的。要想脱离自己本能的限制，最简单的办法就是作类比，在同类型音乐中找热度最高的，因为它是经过传播实践验证的，是符合大众审美的。

3. 音乐虽好，但一定要低调

做视频的人经常说"音乐是视频的灵魂，没有合适的背景音乐的视频是没有灵魂的"。大家都知道音乐的重要性，但是，有时虽然找到了适合的背景音乐，却有可能在有意无意之间搞错音乐在视频中的地位。我们不能否认背景音乐的重要性，但是一定要弄明白视频和音乐之间的主次关系。音乐的存在只起到辅助作用，不能喧宾夺主，否则，对视频的效果反倒是一种削弱。

  这里需要把握两个原则：一个是注意背景音乐音量的把控；另一个是尽量选择纯音乐，尤其是那些有人物对话的视频，以可以轻松听清楚人物对话为准。当然，有些背景音乐的歌词与环境和情节完美贴合，这种情况下纯音乐就不再是第一选择了。

第五章

策划，在拍摄之前就注入爆款基因

第一节 定选题，拍什么比怎么拍更重要

短视频从来都不是拿起手机就能拍的，好的视频更不是。爆款视频都是在策划阶段就注入了爆款基因。而策划的第一个环节，就是考虑选题。许多短视频运营人经常说的一句话就是："选题的好坏决定了账号数据的好坏。"所以，要想做好视频号，首先要学会怎么做好选题。

什么样的选题才算好选题，不同的人根据自己的实际操作总结出不同的关键要素。

有的业内人士认为，好的视频号选题一定要符合"三度两性"的要求，即关注度、新鲜度、价值度、情绪性和互动性。也有人将好选题的标准总结为"四五三"原则，即好选题要符合四个原则——贴近用户、有价值、匹配领域、关注热点；好选题需要考虑五个维度——

频率、难度、差异、视角和用户需求；好选题还要注意三点——标题规范合理、不盲目"蹭热点"、远离敏感词。"五个维度"其实说的是视频号运营方面的要求。至于"四个原则"和前面所说的"三度两性",都是业内人士在实践中总结出来的经验,可以说是殊途同归,只不过在具体的表达上,各自采用了不同的方式。无论是"三度二性"还是"四大原则",都涉及热度、价值和情绪性,这些都是我们在前面提过的,可以说,大家的观点不谋而合。

这一切都指向一个核心问题——选题解决的是什么问题？

对这个问题的回答决定了我们从哪些维度对选题进行拆解。在实际操作过程中,有不少人把选题与定位和运营混为一谈,这就导致对同样一个问题给出好几个答案的情况。那我们就得明白,定位、选题和运营分别都解决了什么问题。定位解决的是我们在什么领域里面拍视频的问题；选题解决的是我们要在这个领域里拍出什么样的视频的问题；而运营解决的是视频拍好后怎么善加利用的问题。再做三个比喻,定位解决的是在哪个赛道里开车的问题；选题解决的是开什么样的车的问题；而运营解决的则是这个车应该怎么开的问题。

既然选题解决的是我们要拍出什么样的视频的问题,那么,拆解的角度便找到了。在此,我们把优秀的视频号选题拆解为关联性、参与感和获得感。

1. 关联性

很多人把这一点当成关注度,说关注度高的视频成为爆款的概率也会更高一些。我们相信这应该是经验之谈,但是,关注度只是表象。

而且，不是所有的关注度都是有价值的。比如当一个娱乐性事件刚出现的时候，通常会有较高的关注度。但是，出于好奇心的关注度往往没有太高的价值，也就是说，变现的价值低。而且，这种关注来得快去得也快，这种关注度和热度是靠不住的。对于这句话，大家听起来可能会有反常识的感觉，因为现实中"蹭热点"几乎已经算是一种常规性的操作了，而且，每次有热点事件爆发，都会出现几个"蹭"得不错的爆款视频。

那么，怎么解释因"蹭热点"而出现爆款视频这种现象呢？就是因为热度后面的关联性。只有具有较强关联性的关注度才真正有价值，这样的爆款才是我们需要的爆款。

什么是关联性？总结起来，就是跟目标受众最关心、最在意的东西相关。比如与挣钱有关，与美丽有关，与健康有关，与情感有关，或者与获得感有关。如果能在关注度当中找到和目标粉丝之间的关联性，那就是有价值的、靠得住的内容和选题。

总结一下：并不是所有的关注都是有价值的，除非能在关注中找到关联性。

2. 参与感

有人把参与感称为代入感，其实这是站在两个不同的角度看待同一个问题。

参与感是从观众的角度来说的，而代入感则更加偏向于策划者。最简单直接的表述就是，我们拍的内容里一定要有观众的影子。如果身处视频中的场景,观众会怎么想?会有什么样的顾虑?会赞同什么?会反对什么?我们也经常说一句话:"会做爆款视频的人,需要有预判观众的预判的能力。"很多爆款视频的评论区经常会有下面这样的评论。

"说得太好了。"

"说到我们心坎儿里了。"

"把我想说却说不出来的话说出来了。"

也有人把这样的情况叫作情绪性。不过,情绪性是个表象。有人说"人的悲欢并不相通",其实,大多数人的情绪都是可以被点燃的。这个被点燃的条件就是代入,人一旦把自己代入进去了,自然会觉得视频里有自己的影子,拍视频的人和自己是一伙的。这样,悲喜也就相通了。观众能够把自己放入视频,这是爆款选题的第二个特征。

3. 获得感

什么是获得感?就是感觉自己得到了,就是人们经常说的"听君一席话,胜读十年书"的感悟,就是在情绪过后还能有所悟、有所得。

为什么要有获得感?因为人有了获得感之后本能的反应就是分享。看了一个特别有意思的视频,听到几句特别有道理的话,甚至是认识了一个有趣的人,会忍不住告诉身边的人,这是人性的一部分。这种"富贵不还乡,如锦衣夜行"的大众心理,是爆款视频传播的最大驱动力。所以,传播的前提是要让观众有获得感。

需要注意的是,要注意"获得感"和"获得"的区别。这是很多提倡分享干货的人特别容易混淆的。想要分享干货、提供价值的人特别容易把劲儿使过了。并不是所有干货都能给看视频的人带来获得感，提供干货的同时，要让看视频的人感觉有收获。

最后，我们再来梳理一下视频号优秀选题的三个关键特征——关联性，就是要能黏住观众，因为内容与观众息息相关，说的都是观众最在意的；参与感，就是把观众变成自己的人，完成情感上的站队，因为视频里有观众的影子；获得感，就是点燃观众的分享热情，让观众觉得自己有所收获，然后忍不住想让更多的人也看到。

第二节 对标热点，永远跟热门做朋友

做爆款、引爆热点，这一直是所有做内容的人的终极目标。要想引爆热点，就得学会与热点做朋友，熟悉热点的人更有可能做出热门的视频。要想与热点做朋友，我们需要对热点进行解析，通往热点的爆款之路就在我们对热点的深入解析中。

一、拆分、解析热点

大多数人对于热点的感受就是那些偶然发生的、在社会上形成巨大影响力的事件，比如娱乐圈绯闻事件、国际社会的局部战争，甚至火到刷屏的影视剧……这些确实算得上是热点，也确实符合大众对于热点的自然认知，但是，这些也只是热点的一部分，属于不可预测的

突发性热点。这些热点的出现通常没有明显的预兆和固定的规律，有些可遇不可求的意思，我们很难知道下一个热点什么时候出现，也很难知道下一个热点会出现在哪方面。

与上述这类热点相对应的，是一些有固定规律的热点。其中最典型的就是一些固定的节日，比如中秋、国庆、元旦、春节、情人节以及每年的中高考、开学季等，都是在特定的时间点聚焦全社会的注意力，成为固定的热点。

介于上述两者之间的，还有一些具有一定可预测性的热点，比如很早就开始筹备的全国性或国际性赛事，或者是预热了很久的影视剧，等等。

以上3种不同的形式的热点，可预判性不同，给我们的准备时间不同，决定了我们要用不同的方式来对待它们。从视频号内容策划的角度来讲，越是可预判的热点就越容易为我们所用。但是，我们也不能用可预判性来做作为衡量是否可用和如何用的唯一标准，一些热点对于我们来说可用可不用。

应该怎么用热点？需要从以下几个维度来对热点进行分析。

1. 可持续性和可延续性

这个标准通常对于那些不可预测的热点更为有用。这类热点的典型特征就是可持续性和可延续性较差，来得快，去得也快。等我们发现它，准备加以利用时，往往作品还没拍出来，热度就过去了。这是我们在使用不可预测的热点事件时特别需要注意的。

2. 话题性

话题性又叫元素的丰富性，或者叫热点的可塑性。一个热点可切入的角度越丰富，可讨论的东西越多，话题的传播力就越强，可供我们发挥的空间就越大。

有些人会把话题性和传播力分开来讲，其实话题性和传播力在很大程度上是重合的。话题性就是让人有话可说，人人有话可说，人人皆可介入，人人都可以有自己的立场，这就能激起人的表达欲。表达欲怎么落地？反映在对待一个短视频上，最直接的体现就是点赞、转发、评论。这就是新一轮传播的标准流程。

3. 受众的重合度

每一个热点都有特定的受众群体，比如体育赛事。但是，就算是在全世界都具有轰动效应的足球赛事，也有它触及不到的群体。对于球迷，尤其是铁杆球迷来讲，某场国际性球赛是最最重要的事情，但把与其相关的内容放在一个完全不关心该运动的群体内，照样没办法获得任何热度。

所以，当你面对一个热点时，判断其能不能拿来用、怎么用时，就要看关注它的群体与你的视频内容受众群体的重合度有多高。如果对这件事有高度热情的群体正好就是你的目标受众，那这个热点几乎就是为你量身定做的；如果两个受众群体之间有着很大的区别，那最好不要去硬"蹭"这个热点，不然很可能会得不偿失。也正是因为现在想要利用热点借势的人太多，热点有时就成了"原罪"。对于那种生拉硬套、毫无创造力可言的"蹭热点"行为，大家是极其反感的。正所谓成也热点，败也热点。

4. 危险性

没错，有些热点是非常危险的，业内人士称它们为"有毒的热点"。比如内容低俗的、负能量的，敏感的时政话题，残忍的社会事件，等等。这些话题，原则上是能避开就尽量避开，除非有特别好的切入点，否则不建议贸然介入。而且，就算是用，也一定要注意导向的把控和分寸的拿捏。尤其需要注意的是时政的热点，尺度和分寸的拿捏非常不容易。如果不小心踩了红线，那就不是"掉粉"那么简单了。

二、如何利用热点

将热点拆解之后，我们就得考虑另外一个问题了——对于那些可以为我们所用的热点，有哪些可以利用的方法？以下是3种最常用的利用热点的方法。

1. 衍生法

衍生法是看起来最不像"蹭热点"的追热点方法，是对于热点进行发挥和创造，主要是利用发散性思维，以热点为原点进行辐射式联想，并在联想出的选项中选择最适合自己视频号定位的角度进行二次创作。

2. 抽取法

衍生法主要是对热点的"灵魂"或者说是"话题内核"进行二次

创作，而抽取法则主要是从视频拍摄的角度，抽取热点中的某些元素，将其运用到自己的视频当中。比如，使用热门视频中的背景音乐，正是因为有了热门视频的全力预热，其用过的音乐一旦响起就能快速抓住大家的注意力。这一点很多人都有深刻的体会，就像我们经常说的"每当熟悉的旋律响起，都忍不住热泪盈眶"这句话，虽然并不是所有熟悉的旋律都能让人热泪盈眶，但是从热门视频里提炼出来的元素，确实能够给我们带来额外的流量。这些元素还包括固有的句式、特有的造型，甚至是所处的环境，等等。

3. 拍同款

这种方法比较适合于利用那些积极向上、比较正能量的热点。最常见的就是在某些重要的节日做与之相关的视频，比如春节送出拜年祝福，比如在情人节讲述非常"好嗑"的一对名人伴侣的故事，等等。对于这样的热点，可以用这种比较直接的方式来借势。不过，需要注意的是，拍同款可不只是简单的抄袭，而是在相似的形式下"夹带私货"。让热点为我们服务，这才是我们想要的结果。

三、在何处找热点

以上，我们对热点进行了深入的拆分，对常用的利用热点的方法进行了盘点，接下来要说最后一个问题——去哪里寻找热点。

热点在哪里？自然是在各种热点排行榜——热榜上。热榜上不仅有各种热点，还按照热度的不同对它们进行了排序。经常关注热榜，有助于我们了解和熟悉当下那些最能聚焦人们注意力的热点。我们可以从中找出与自己的视频具有强关联性的热点来进行新的创造。

热榜可以分为两种,一种是所有做新媒体的人都要时时关注的榜单,我们称之为新媒体热度榜单,比如微博热搜,新榜榜单、百度搜索风云榜,等等。这些都是要时时关注的。除此之外,对于做视频号的人来说,还有一个更加方便、也更加重要的热度榜单就在视频号里。遗憾的是,视频号目前还没有官方的入口让我们直接去查看,但是我们可以在微信主页面的搜索框里搜索。

微信视频号是微信帝国当中的一片热土,整个微信大生态中就有很多资源可供利用。我们在微信主页面的搜索框里输入"微信视频号排行榜",里面有很多关注视频号的第三方平台提供的数据可以供我们参考,比如新视、友望数据、问星数据、视灯数据。通过这些平台,我们不仅能够看到总体排行榜,还能看到不同细分领域的排行榜,并可以对热门作品进行分析。

第三节 脚本，固定每一个精彩细节

包括视频号中的视频在内的所有短视频的内容，都不是拿起手机随心所欲就能拍好的，都需要在拍摄之前就把一些细节琢磨好，而且，仅仅是琢磨好还不够。有些人会说，我已经想明白了，已经成竹在胸了。可是一通拍摄下来，内容还是变形得厉害，拍摄出来的内容与自己脑子里想的好像根本就不是一个东西。这是为什么？因为我们的思维、想象时时刻刻都在变化。一会儿想这样，一会儿想那样。真正经历过的人会知道，我们的大脑不仅多变，还特别健忘。特别是一边拍一边想的时候，尤其容易忘。很多时候都是在快要完成剪辑的时候才猛然想起来，自己原本还有个绝妙的主意，但在拍摄时竟然忘记了！但这时候想起来也只能是跌足长叹，后悔不已了。

所以，在拍摄之前我们就需要把脑子里关于拍摄的各种好的想法，甚至是技术上的细节问题，用文字的方式按照某种相对固定的模式将其固定下来，以确保在拍摄时既不会随心所欲，也不会丢三落四。这种以文字的形式对想法和技巧的呈现就是脚本，它是拍摄时的依据。根据不同的拍摄难度，脚本的复杂程度也有很大的区别。有些复杂的脚本中不仅有拍摄大纲，还有演员、剪辑师和道具师的操作等，而且特别详细、准确，基本上按脚本操作就可以了。但是，这样的脚本是对于那种人物角色和道具都比较丰富的剧情拍摄来说的，一般都是团队协作完成。而微信视频号的作者进行拍摄时，程序大多比这简单得多，操作也没那么严格。但是，就算是简单，也有必不可少的核心元素。

脚本必不可少的核心元素有三个部分，分别是：一句话就能说清楚的主题；清晰完整的框架；必不可少的细节。下面分别展开来说。

1. 一句话就能说清楚的主题

什么样的表述才算是明确的主题和方向？我们最常用的检验方法就是：试着用一句话对即将开始的拍摄进行描述，把这句话讲给别人听，通过这一句话，对方对你将要拍摄的作品了解得越清晰，说明你对这个视频的主题和方向思考得越深刻透彻。这个描述又分为四个基本要素——做什么？为谁做？怎么做？有什么用？只要这几个问题都回答清楚了，我们想要拍的内容就清晰明了了。

比如，你说："我要讲一个感人的故事。"这句话好像是说了什么，又好像是什么也没说。这句话只解决了"做什么"这个问题，就是要讲故事。但是，这个故事是讲给什么样的人听的？你打算怎么去讲？这个故事能给听故事的人带来什么？这句话里统统没有触及。越是像这样模糊的描述，拍摄时就越容易跑偏、走形。

但是如果你说："我要通过几个案例来讲述因为父母没有边界感而导致亲子关系破裂的故事，让那些缺乏边界感的父母认识到亲子关系中边界感的重要性，给孩子更大的成长空间。"这样的表述，就把四个要素都阐述清楚了，按照这样的表述去拍摄的话，跑偏的可能性就很低。甚至他人按照你这样的表述去拍，也能拍出你想要的东西。

2. 清晰完整的框架

前一个元素是灵魂、是纲领、是方向，第二个元素就是主体、是步骤、是一个完整的框架。比如，你要讲一个故事，那么，你想用什么样的契机来引出主题？怎么把准备好的案例嵌入进去？故事在什么地方逆转？在什么地方出现高潮？以什么样的方式结尾？把自己的观点怎样传递给别人？这些都需要有起承转合的完整框架，入题、铺陈、逆转、高潮、结尾，每一步操作都要有迹可循，都要在脚本中有细致的呈现。

3. 必不可少的细节

在实际拍摄中经常能遇到这样的情况：明明是相同的主题、相似的大纲，不同的人拍摄出来的作品给人的感觉却有很大的区别。有的作品看起来很感人，有些作品看起来就很尴尬。感人和尴尬之间差别很大吗？并不是的，起码它们在主题和大纲方面并没有太大的区别。

那它们之间的差别究竟是什么？感人和尴尬之间的最大区别就在于细节。感人的作品往往在于对细节的拿捏和把控到位，而尴尬的作品通常在这方面的功夫较为欠缺，甚至根本没有注意到小小细节的重要性。

正所谓"成也细节，败也细节"，我们首先要意识到细节无小事，看似不起眼的地方往往能决定一个作品的成与败。要想在细节上做得更好，最直接的办法就是把这些细节呈现在脚本中，让脚本来时刻提醒自己。以最简单的口播类视频的拍摄脚本为例，着装、发型、语速、语调、音量、停顿、表情、动作和道具，这些都要在脚本中具体呈现，比如，什么地方语速要快一些，什么时候语调要平和一些，什么地方应该有较重的尾音，什么时候应该留一个较大的停顿，什么时候要与屏幕外的人有眼神的交汇等，这些都要清清楚楚、明明白白地在脚本中写出来。

第四节 开头、点评点、结尾，三招掌握热门公式

拥有一个完备细致的脚本，很多时候也只是让我们拍出比一般的视频要好一些的作品。要想让作品好到成为爆款，还需要在作品的一些关键之处下一些功夫，用对技巧和方法。这些实证亲测有效的技巧和方法，还有个好听的叫法叫作"热门公式"。当然，再好的公式也不能保证每个视频作品都能成为爆款，但却是一条通往爆款的捷径，而且是可以让我们少花费很多精力的捷径。

一、经得起五秒钟验证的开头

我们把一个爆款视频称为"有钩有挂，有来有往的作品"。什么叫有钩有挂？就是前有钩、后有挂。前有钩，说的是视频的开头能够抓住人们的注意力。在后台的数据分析中，我们经常会看到有些视频的

点击率很高，但是完播率却不怎么理想。这当中又有很大一部分人是在 5 秒钟之内退出的，这就说明一个问题：出现这样的情况，一定是开头出了问题。对于一个视频作品来说，标题的作用是把人们吸引过来，让人们产生点开视频进行观看的冲动。而开头部分的任务则是抓住观众的注意力，让观众留下来。留多久？这就由刚开始的前 5 秒钟负责。如果观众在 5 秒钟之后大量离开，那就应该是视频的内容出现了问题。所以，一个爆款视频必须要有一个好的开头，这个好的开头的作用就是留住观众 5 秒钟。

什么样的开头才能留住观众 5 秒钟？很简单，在最开始的 5 秒钟之内要有"爽点"。有"爽点"很难吗？其实不难，做短视频的人对"爽点"都不陌生。但是懂得把"爽点"放得这么靠前的人并不多。一种很常见的现象就是铺排过度，想要一种循序渐进的过程，一点一点地进入主题。这种想法是好的，但是现实情况却是观众看了几秒钟的空镜头，或者是听了好几秒钟的不知所云的音乐后，就没有兴趣继续留下来了。所以，一个好的开头要求我们不要敝帚自珍，不要吝惜自己所有的好创意，一定要敢于在一开始就来一波小高潮，或者是一开始就坚定大胆地抛出自己的核心观点，如图 5-1 所示。

图 5-1

冲击力、讨论性越强，视频留住观众的效果越好。

冲击力和讨论性从哪里来？来自以下4点。

（1）对比性、反差效果。比如，从一个"躺平的废柴"成为职场精英，这样的巨大反差是很有吸引力的；从一个逃课、打架的孩子成为自动自发地爱学习的学霸，这种效果也是令人神往的。

（2）让程度和数量吸引人的眼球。人们经常会以数字或单位换算的方式增加视频的冲击力和震撼力。比如，在视频标题出现"1万小时理论"，如果把1万小时换算成每天8小时，每周7天的话，差不多是5年的时间。但是如果标题中用"5年"或者"3年"这样的表述的话，那就太一般了，没有什么冲击力。但是"1万小时"这样的表述，因为有了"1万"这个数字，就显得劲爆多了。利用程度副词，或利用单位的换算带来数量上的夸张效果，这种方法可以在一开始就吸引人们的注意力。

（3）把不可能变成可能。在视频一开始时就抛出一个不可能的事实，或是不可能完成的任务，势必会激起人们的好奇心。不过，需要注意的是，如果要运用这种方法，最好用肯定的陈述句式。肯定地确认这看起来不太可能的事实为真，才能最大限度地激起人们的好奇心。比如，开篇就说一个毫无背景的年轻人，3年内在一线城市买房，并抱得美人归。这有点儿像相声里的包袱。但是，包袱不仅要能抛得起来，还要能接得住才行。

（4）用一个有吸引力的问题拴住观众。最常用的句式就是场景陈述加体验式提问。比如，和女朋友一起参加同学会是一种什么样的体验？和婆婆住在一起是什么样的体验？带两个孩子出门旅游是一种什么样的体验？或者是某种现象的陈述加争议性提问，比如，都说女人爱和富人谈感情，爱和穷人谈钱，这是真的吗？都说男人的钱在哪里心就在哪里，这是真的吗？这样的具有争议性的话题也能瞬间吸引人们的注意力。如图5-2、图5-3所示。

图 5-2

图 5-3

二、设置 3~5 个评论点，让观众参与进来

用一个好的开头让人们有了继续看下去的欲望，接下来就到了主体内容。要想让观众坚持看到最后，还有个很重要的因素就是前面

提到过的互动性和参与感。这就像是在讲台上讲课的老师，如果老师是自嗨型的，只顾自己讲得过瘾，学生可能很快就昏昏欲睡了。高明的老师都懂得与学生互动，让学生参与课堂。老师让学生参与课堂的方法就是不断地提问，以使学生不断地主动思考，而不是一味地被动接受。

让观众参与进来——高明的视频拍摄者也深谙此道。他们所用的方法同样是不断地提问，只不过他们的提问更像是征求意见或者是寻求支持，把观众的位置放得比较高，提问也更加巧妙。在短视频领域，这些巧妙的提问有另外的一个叫法，就是"评论点"，指的是能让观众以评论的形式参与进来的点。

评论点对于一条视频的完播率有非常重要的作用，但是也并不是越多越好。视频与直播不一样，过于频繁的互动会影响视频的完整性和节奏的流畅性。一般来说，一个作品里设置3~5个评论点是比较合适的，太少的话，互动的频率不够，观众参与的积极性调动不起来。而超过5个则会对作品的节奏造成破坏。

这3~5个评论点又该怎么设置呢？最常用的有3种办法：问题引导、主动设置"漏洞"、利用道具。

1. 问题引导

我们经常会在视频中听到一些具有争议性的观点，然后会在视频的后面看到这样的询问："你是否同意这个观点？请在评论区留下你的意见。"这个做法很简单，支持就写支持，反对的就写反对。不管是支持也好、反对也好，只要留下了自己的看法，就是参与了评论。或者，视频作者可以利用观众的好奇心，对观众说现在拿起手机按下某个键，看看会出现什么。其实不管会出现什么，只要是出于好奇去尝试了，就很有可能留下自己的评论。

2. 主动设置"漏洞"

我们知道有一种乐趣叫作找碴儿，热衷于找碴儿是人的一种常见心理。比如，在一部质量不错的作品中出现的一些无伤大雅的不合理之处，总会被有心人发现，然后他们很可能会在评论区写出自己的发现，或者对其加以调侃。所以，视频作者可以以看似不小心一时"嘴瓢"说错某句话，或一时粗心算错了数字，一时疏忽少说了一条，或说错某个人的名字等方式，引发观众的评论。还可以在表达某些观点时，故意把自己的观点绝对化，因为过于绝对化的观点也可以激发别人说话的欲望，我们说得越坚定，别人要说话的欲望才能越强烈。

但是这种方法有些剑走偏锋的意思，设置"漏洞"一定要设置为容易被发现的。如果埋得太深，可能让人发现不了，不仅达不到预期效果，还容易弄假成真，成了真正的硬伤。另外，这个方法使用的频率不能太高，一时的不小心在观众的眼里可能只是一个调侃的笑料，但是过多的错误就只能被观众认为是水平不够，会严重影响作者的人设，这样可就得不偿失了。

3. 利用道具

利用道具来增加互动的评论也是高明的视频号作者经常用的方法。比如一些讲穿搭的视频中，摆在案头的一款独特的手表，或者是作者手边一件极其精致的手工作品，这些都会引起目标受众的极大兴趣。甚至可以是跟自己的赛道无关，但是跟自己的目标受众的其他喜好有关的物品，都可以成为视频中的道具。这个办法的精妙之处在于不着痕迹，不一定要把道具放到最显眼的地方。最好是放在并不是太扎眼却又容易被眼尖的人发现的地方。只有这样的发现才会让人感到小小的得意，才会在评论区中告诉更多的人。

三、增加传播力的结尾

很多爆款视频的结尾并不意味着作品的结束，而是意味着话题讨论的开始。对于作品的传播来说，视频不过就是个引子。我们要想通过视频的结尾为视频再增加一波传播力，好用的处理方法有3个：引导式结尾，留白式结尾和翻转式结尾。

1. 引导式结尾

引导式结尾是在现实当中运用得最多的，或是引导点赞，或是引导收藏，或是引导转发。也就是我们听得最多的："我会让你每天都有意想不到的收获。""记得收藏，需要的时候能够随时找得到。""记得转发，让更多的人得到帮助。"

这样的引导方式对于坚持以价值为终极导向的微信视频号来说，实用效果非常不错。因为有些视频里有非常多的干货，确实能够提供一定的价值，最起码能提供一些获得感。这种情况下，引导式结尾可使视频获得不错的传播效果。

2. 留白式结尾

留白式结尾比较适合那些具有争论性的话题，适合可以从多个维度进行解读的现象。故事讲完，留下悬念，是非对错交给观众来评说，如图 5-4 所示。即使有结论，也明言不是唯一解。最常见的表述方式是这样的："当然，这只是我的观点，我也希望听到你的声音。""不同意见，评论区见。"

留白式结尾最重要的一点就是，一定要旗帜鲜明地亮出我们自己的观点，且切记不要面面俱到，要留一些话让别人说。如果我们把所有可能性都说到了，就等于是堵住了别人的嘴，也削弱了作品的传播力。

图 5-4

3. 反转式结尾

反转式结尾主要适用于剧情类视频，可以在结尾处来一个大逆转，或帮观众打开脑洞，这样做常常会收到意想不到的效果。这样的视频经常会收到这样的评论："没想到，没想到。""这样也可以？""这脑洞也太大了吧！"剧情反转得越在意料之外、情理之中，效果就越好。

第六章

运营管理，让流量价值落地

第一节 把准发布时间和节奏，时间对了效果才会好

很多人觉得视频作品的发布是整个过程中最为简单的一步，不就是把剪辑好的视频通过视频号发布出去吗？应该是没什么好讲的。有不少人把视频作品的发布戏称为"有手就行"。其实不然。如果只是简单地把视频作品发布出去，这确实是人人都能做到的。但是，要想把视频作品的发布也变成爆款成长路上的一环的话，就有些值得说道的东西了，从视频的发布时间和发布频率这两方面来说。

什么是视频发布的时间和频率？最简单的解释就是视频选在什么时间发，多久发一次。

一、作品发布时间

刚接触视频号的朋友常出现一个误区，就是拍好的视频从不过夜，

随时拍随时发，白天拍好了就白天发，半夜剪好了就半夜发。他们有个概念就是，凡事早一些总比晚一些好。反正发出去后，大家早晚都能看得到。尤其是那些半夜甚至是凌晨剪好的作品，顺手就发出去了，然后就踏踏实实地睡觉了。这么做符合多数人的本能，但是，符合人的本能却未必符合视频号的传播规律。

视频号的视频传播的底层规律是什么？是熟人推荐机制。这就是我们的视频发布时，要有足够的在线人数，有足够多的人看到，有足够多的人点赞、评论，他们点赞或转发时，他们的朋友也刚好在线。这样，作品才能在第一个12小时内有足够好的数据表现，才会触发推荐机制，才能不断地"破圈"，离爆款的距离才能更近一些。只有满足了这些条件的时间点，才符合视频号传播机制的发布时间。踩准时间点发布作品，作品才能有好的传播效果。这样看来，那种随手拍、随手发的习惯真的不是很好。

怎么才能找准适合自己的作品发布时间？

首先要看自己的作品在哪个细分领域，然后再看作品的目标受众的在线时间。选择目标受众最活跃的时候发布作品，这是最基本的原则。目前，大家的一个共识是，凌晨4点左右是全网在线人数最少的时段，也是作品曝光量最低的时段。这是公认的视频作品发布的时段禁区，我们首先要排除。然后有几个相对比较固定的时间段，分别是上午8点左右，中午12点左右，下午6点左右，晚上10点之前。这四个时间段，都是在线活跃人数较多的时间段，比较合适作品的发布。至于我们的作品适合在哪个时间段发布，就看作品属于哪个类型了。

一般来说，上午 8 点之前的这段时间，虽然很多人在线，但是这时候人的状态是比较匆忙的，不是在准备上班就是在上班的路上。这个时候，人们头脑清晰、精神饱满，但是注意力不够集中，这个时段发布时政、资讯类的作品是个不错的选择，方便观众获取更多的讯息。励志类的、不需要深度思考的学习类的，比如英语领读之类的作品选择在这个时段发布也是很不错的。毕竟谁能拒绝在早上遇见信心满满、收获满满的自己呢？

中午 12 点前后属于午餐时间，忙碌了一上午、消耗了一上午的人们这时需要趁着短暂的午餐时间放松一下。那些趣味性较强，能够让人开心一笑、恢复精力的作品比较适合在这个时段发表。但是，这个时段最适合发布一些情节不太复杂的短小的作品，或是静心音乐类的作品。

下午 6 点，大家都在下班回家的路上。相较于早上 8 点左右，这时的人们虽然同样是在路上，但是心情变得比较松弛了，这个时段比较合适发布情节较为复杂的故事类作品。

晚上 8 点到 10 点，经过短暂的休整后，体力和精神有所恢复，且没有白天工作时的忙碌和压力。在这段人们精力充沛且相对比较放松的时间，更适合发布那些需要深度思考的知识分享类的作品，因为这段时间是不错的学习和充电的时间。

当然，这只是大致的总结和归纳，并不见得适合所有人。如果你的视频作品的主要受众是带宝宝的宝妈，那么你的最佳作品发布时间就不在上述这几个时间段里，因为不管是早餐、中餐还是晚餐后，都是宝妈比较忙碌的时间。因为这几个时间段里，宝宝要么是在吃饭，要么是在玩耍，都需要妈妈陪在身边。你的最佳作品发布时间更有可能是上午10点左右，或者是下午3点左右。这时的宝宝可能正在补觉，且没有到为宝宝准备吃喝的时候，属于宝妈特有的放松时间，这个时间比较合适你发布作品。

所以说，某些方法和规则不一定适合所有人。我们做事，除了了解一般性之外，还要有独立思考、自我选择的能力。另外，并不是所有作者都需要在上述这几个时间点做单选题。发布频率比较高的作者，可以在这几个时间中做多选题。所以，我们需要具体问题具体分析，要根据自己的情况进行判断、决定。

二、作品发布频率

拍视频的很多新人容易踩的另一个误区——作品发布频率不稳定。刚刚接触视频号的时候热情高涨，尽可能多拍，这时候，拍摄和发布的频率都很高。一波井喷之后，状态变得没那么好了，频率就变得低了。拍摄和发布的频率完全随着自己的心情和状态的变化而变化，很有些随心所欲的感觉。

关于作品发布的频率，微信视频号并没有明确的限制，也就是说，只要你愿意，可以多发也可以少发。平台的规则是允许这种随心所欲的，但是平台允许并不意味着这样做是一个好的选择。

根据实践经验来看，日更是个不错的选择。对于大多数视频号作者来说，日更是比较合适的。但是，需要的是稳定的日更。这里需要强调一点，在视频号平台上做事，稳定是很有必要的，不管是作品发布的时间还是作品发布的频率，都要保持稳定的状态，一旦确定下来就不要轻易去更改。

  当然，我们说的是作品发布的频率，并不是视频拍摄的频率。人都会有状态好的时候，也会有状态不好的时候。状态好的时候自然可以多拍一些，尤其是多拍一些素材。这样，才能更好地保证作品发布频率的稳定性。在状态好的时候多拍一些素材，在状态不好的时候才能按时剪出新作品。

第二节 作品发布，绝不只是发布那么简单

作品的发布除了发布时间和发布频率之外，还要特别注意发布技巧。只要把这些事情都做对了，就能为自己的作品传播提供强大的助力。不过，在了解发布技巧前，还是要先熟悉一个概念，这个概念和前面讲过的视频号的传播机制有关。

微信视频号的传播领域有个概念叫作黄金 24 小时。我们知道视频号的流量分配机制遵循的是"3+6+18+24+48+72"这一规律，也就是说，作品在发布后会有几个重要的时间节点，分别是作品发布后的 3 小时、6 小时、18 小时、24 小时、48 小时和 72 小时。在这几个时间节点，作品都会得到平台推荐。这里说的是平台推荐，指的是熟人社交推荐之外的另外一个传播力量。平台推荐的力度会随着的时间的后延而逐渐变弱，所以第一个 24 小时之前的这几个时间节点的推荐，我

们通常称之为黄金推荐时间，也就是黄金24小时。后面的48小时和72小时的两次推荐，因为推荐力度的递减效应，被称为微度推荐。能够获得两次微度推荐的作品，从质量上来说已经很优秀了，如果在72小时之后还能获得平台的流量分配，那很有可能作品已经很"热"了。

如果想让自己的作品能够获得后面的两次微度推荐，甚至是在后面的反复推荐，就得想办法确保它在黄金24小时内有足够好的表现，那么，我们在发布作品时就不能认为发布后动作就结束了。因此，在发布作品时，下面的几件事也需要同步进行。

1. 朋友圈同步发布

在视频号发布视频的同时，把视频也发布到自己的朋友圈，这样可以帮助我们最大限度地利用视频号的社交推荐机制。好友在朋友圈的点赞同样可以帮助我们完成作品的冷启动。当好友点赞后，作品就会显示在好友视频号的发现界面，同样可以实现好友裂变。这样有助于把那些更习惯在朋友圈下点赞的社交资源更好地利用起来。具体操作就是：点击微信的"发现"选项，在"发现"页面中找到并点击"视频号"，再在视频号中找到想要同步发到朋友圈的作品，随后点击下方的转发标志，然后，在弹出的页面中选择"分享到朋友圈"，就可以实现视频号和朋友圈同步了。在转发分享的时候还可以加上相应的文案。此外，还可以选择转发给好友。

2. 分享到交流群和社区，为视频传播助力

同样的分享方式，我们还可以把视频号的内容分享到相关的交流

群和社区，这就是本书前面提到的小白冷启动的方式。需要注意的是，使用交流群助力有两个基本原则，分别是拥有利他精神和拥有价值交换意识。

在社群这个大家庭里，助力都是相互的，大家都是通过成就别人来成就自己的，成就别人的方式包括但不限于对别人的助力。而价值交换的意识就是，交流群可以成为你的助力方式之一，但是他的功能绝对不应该只有助力一种。交流群里大多是视频号的作者，大家一起分享心得，总结教训，避免踩坑，互相交流，一起成长。微信视频号是以熟人社交推荐为底层传播逻辑，以内容价值为导向的平台。我们用社群为视频传播助力，也应该让社群变成一个具有利他精神、可以进行价值交换、互相成就的地方。

为什么要这么做？在这里分享两个现实。一个是，在视频号的算法机制中，熟人社交推荐在算法中的占比高达55%。而优质内容的"热门推荐"在算法中的占比只有15%。另一个是，数据显示，单纯的互赞群以及付费推广对视频作品传播的助力效果并不明显，付费推广用得多了还可能被系统降低权限。所以，我们应该明白两件事：第一，熟人推荐很重要，这件事必须做；第二，我们不能只是简单粗暴地进行付费推广和红包推广。付费推广和红包推广与熟人社交推荐的区别是什么？付费推广是不走心的，最直接的表现就是点击率高、完播率低、评论数量少、收藏数量少、评论模式化、缺少互动。这些特征在大数据分析面前很快就会被判定为劣质流量。

所以，在社交传播机制的平台做事，最重要的就是要学会交朋友。

而交朋友的核心就是利他及进行价值交换。甚至可以引申为在其他类型的交流群里，如果我们想要得到其他人的助力，最好的办法就是利用我们的专长为其他人提供价值。

以上，说的是在视频发布时怎样最大限度地做好社交冷启动工作。

其实，发布作品时还有一个办法能够帮助我们获取更多流量，那就是视频号中的话题标签。话题标签能够让我们迅速靠近热门话题，为我们带来更多公域流量。

视频号的冷启动靠的是基于熟人社交的私域流量，如果再通过添加话题标签，让熟人社交无法触及的公域流量也能为我们的作品传播助力的话，通往爆款的路就又平坦了许多。

话题标签并不是微信视频号独有的，其他很多短视频平台也有话题标签的功能。话题标签可以最大限度地提高内容的曝光率，让更多人看到自己的作品。话题标签的具体运用说起来也非常简单，"# 话题"的按钮就在视频内容下方添加文案描述的地方，点击这个按钮或者在文案描述中输入"#"键，"#"键后面的内容就会被自动识别为话题标签。如图6-1、图6-2所示。添加话题标签后，点击"发表"就可以了。然后，我们的作品就会出现在该话题的视频聚合页上，关注这个话题的人就能看到我们的视频了。这里面的流量资源一般是冷启动无法触及的，对视频作者来说特别重要。

第六章 运营管理，让流量价值落地

图 6-1

图 6-2

千万不要轻视话题标签，这虽然只是发布视频作品时的一个小小的工作，却能给我们带来很大助益。另外需要说明的是，我们既可以输入现有的话题标签，让我们的作品出现在相关话题的聚合页上，还可以自己制造话题，让他人的作品出现在我们所制造的话题的聚合页上，这同样可以为我们带来新鲜的流量。

第三节 评论区管理，学会在评论区交朋友

这一节来讲视频号评论区管理的艺术，也可以将其称为视频号评论区的运营技巧。我们首先需要知道如果视频号的评论区管理得好，可以给我们带来什么样的好处。知道了这些，我们才能够自动自发地花费一些时间和精力来做这件事。这其实也是我们能把事情做好的基本逻辑，就是先解决动力问题，然后解决技巧问题。之所以先要解决动力问题，是因为要想做好评论区的管理确实是需要花费一些时间和精力的。之后，只要执行得力，结果大概率是值得期待的。

一、评论区管理做得好会有什么好处

1. 使视频拥有更强劲的传播力

做好评论区管理最大、最直接的好处就是可以提高系统对我们的视频的推荐比重,可以让视频在冷启动之后还能保持强劲的传播力。视频号的推荐机制重点考虑的是点击率、点赞率、完播率、用户停留时长、评论数量和收藏率,其中好几项都与评论区的管理相关。做好视频号评论区的管理,评论的数量自然就会多,用户停留的时间也会变得更长,因为很多人是看了评论区后才更有兴趣看完整个视频。这样,视频的完播率也就随之增加了。这样一来,我们的视频得到系统推荐的概率自然也就提高了。

2. 拥有更具黏性的粉丝流量

做好评论区管理可以提高用户的黏性,提高流量的质量,为今后流量变现打下坚实的基础。在评论区与观众互动是作者和观众最直接的交流,这种交流能增加相互间的信任。而作者和观众之间的信任感是流量变现时最重要的因素。另外,作者引导观众在评论区就某个观点形成讨论的氛围,观众之间进行交流,就有了社群的感觉,这种感觉很快就能使观众获得一种归属感。有了归属感后,相关流量就非常容易导流到自己的社群中。

二、在评论区与观众、粉丝交朋友

评论区管理做得好有两大好处，一个是更强劲的传播力，一个是更具黏性的粉丝流量。这两大好处足以值得我们花费更多时间和精力。那么，为了得到这样的好处，我们又该怎么做呢？最重要的一个原则就是与观众、粉丝交朋友。所以，下面分享的就是在评论区与观众、粉丝交朋友的方法。

1. 尽可能早地回复每一条评论

在条件允许的情况下，尽可能多、尽可能早地回复。为什么要尽可能多、尽可能早地回复？换位思考一下，当我们在别人的评论区留下评论后，有多少次是得到作者回复的？没被回复时，我们会感觉被忽视、被冷落，总之心情很不好。当作者回复自己时，会不会有一种被关注、被重视的感觉？如果作者对我们的回复还很及时，这种被重视的感觉是不是就更加强烈了？不管回复的内容具体是什么，只要是能够做到尽可能多、尽可能早地回复，作者和观众、粉丝之间的良性互动就有了一个好的开始。当然，要做到这点确实需要耗费不少时间和精力，但这绝对是值得的。

之前有一种说法叫作"懒惰红利"，说的就是当大多数人在某个时点处于一种懒惰状态时，我们只要比他们多付出一些就能享受到巨大的红利。从目前的情况来看，真正能做到这一点的视频号的作者并不是很多，这也正是我们收获"懒惰红利"的好时候，只要比他人多做一些，就能收获更多他人享受不到的红利。

2. 尽可能多地引导评论

如果评论量不够怎么办？那就想办法引导观者评论。比如我们在第五章中提到的评论点的设置，就是最常见的引导评论的方法。除了这个方法之外，还可以在对评论区进行管理的过程中做进一步的引导，具体方法如下。

首先，我们可以在评论区发布第一条评论，重新强调自己的观点，引导观众、粉丝参与讨论。不用担心自己的评论会被折叠，因为微信视频号与其他平台不太一样，不用特意点开评论区去看评论，而是在视频内容的下方就能看到。也就是说，微信视频号的评论区是不会被折叠的。作者一定要及时占据第一条的位置，让所有观众、粉丝都能及时看到，从而参与进来。

然后，就是对粉丝评论的引导。对于评论的回复不仅要足够及时，还要足够用心，引导粉丝进行持续回复，形成讨论的氛围。这样不仅能让更多的人参与进来，让评论区变得热闹起来，还能形成讨论的氛围，增加信任度和归属感。所以，要多用开放性的回复，以使观众进行讨论。比如，"这个考虑问题的角度挺新颖的，你是怎么想到从这个角度看问题的呢？""我还听到一个有意思的观点是这么说的……"或者进行一些假设，再或者是在评论区展开竞赛，在最上面的、自己的评论中发布一下游戏的规则，比如，给点赞量最多的几条评论发放福利。只要游戏的规则和福利设置得当，自然会有更多优质评论不断涌进评论区，然后作者就可在这些优质评论下引导大家展开讨论。

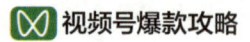

3. "黑白灰"要区别对待

既然是评论，肯定会有不同的声音，有赞同的，就有反对的。赞同的声音中，有些是对作者观点的认可，有些则只是单纯地表示喜爱。同样，反对的声音中有些是有观众自己的观点的，而有些则纯属负面情绪的发泄。对于这些评论，我们从话题价值的维度，将其总结为黑、白、灰3种类型。

所谓的"黑"，并不是反对作者观点的评论，而是说某条评论对于评论区管理的价值，其实指的就是那些没有任何观点和逻辑，纯粹只是发泄其负面情绪的评论。对于这样的评论，最好的办法就是冷处理，让它慢慢沉下去就是了。千万不要因一时不快而与其辩个是非对错，这样只会让对方宣泄更多负面情绪。万一失控，就会带偏整个评论区的讨论方向。

所谓的"白"，指的是无论是赞同还是反对意见，都有自己的观点和逻辑的评论。这样的评论最好管理，只需要顺着他们的逻辑展开讨论，保持讨论的持续性即可。这样的观众表达的理性和逻辑性是其本身特质的一部分，很容易形成良性讨论，并可能在讨论中出现更有价值的回复。这才是我们对评论区进行管理想要达到的理想效果。

所谓的"灰"，说的是那些像"黑"一样，没有逻辑和观点，但只是表达喜欢的评论。这样的评论其实是有隐藏的观点的，大体来说，赞同就是他的隐藏观点。这样的评论我们需要对其进行正向引导，比如，"谢谢您的喜欢，要是能多说一点儿就更开心了。""希望能一直看到您的留言哦。""希望跟您有更多的交流。"要先保持观众的黏性，然后再找机会将其言论引导为"白"的评论。

第四节 流量管理，让最优质的流量去最有价值的地方

前面我们所做的工作从本质上来说是获取。现在来说说流量的导流。说到底，视频号不过是个入口。就像本书一开始说的那样，微信超过 8 亿的日活就是一个超级庞大的公域流量池。视频号就是我们通往这个超级流量池的通道，通过视频号，我们可以触及原本触及不到的那些流量。

我们触及这些流量的目的是变现，是为了做流量生意的。在这之前，我们需要把视频号平台上的公域流量导入到自己微信号和微信群，变成我们自己的私域流量。从这个角度来说，视频号就成为一个必要的私域流量的入口。所以，在聊了很多流量获取的技巧之后，我们有必要聊聊流量的导流。要让优质的流量顺着我们设置的通道，去到我

们想要让它到达的地方。

一、我们要把这些流量导向哪里

把公域流量变成自己的私域流量，有 3 个途径，即把流量引入我们的微信号、公众号及微信社群，流量在这里经过必要的沉淀和筛选以后，就会变成拥有较高信任度，可以反复触及、重复变现的优质流量。所以，我们说的通道和入口就是能够让观众看到上述这几个信息的地方。让他们能从这些地方找到我们，成为我们的人。

二、为了导流，我们要做到 7 点

1. 把微信号放在视频号的个人资料区

在视频号的个人资料区，我们不仅可以放上自己的基本信息，还可以放上自己的微信号，以引导大家添加微信，互相成为好友，不过需要给大家一个添加的理由。最常用的理由就是，我们在自己所在的垂直领域内，通常也是自己最擅长的领域内，可以为大家提供福利，核心还是呈现自己的服务价值。比如，授课的讲师可以写"添加微信好友免费赠送学习资料"；设计师可以写"添加微信好友免费提供设计方案"；做企业咨询的可以写"添加微信好友免费赠送咨询服务"；很多成长类教练还会说"添加微信好友可以链接到行业内的顶尖大咖"。总之，一句话——要以核心价值作为福利，引导大家添加好友，完成公域流量到私域流量的导流。这一以价值、福利为导向的原则，与下面的其他几种导流形式相比，没有性质上的不同。不同之处在于，用以导流的信息出现的方法和位置。

2. 把微信号放在文案区

这一方法也很简单，就是把自己的微信号放在视频简介的后面，再加上各种福利介绍。如果是个人IP，通常的做法就把微信号放在个人简介后面，再搭配福利，完成文案区引流的设置。因为视频号内容下面的文案区只有两行是不折叠的，所以人们常用的方法是在不折叠区写上更能够吸引人注意力的简介，可能是内容简介，也可能是个人简介，然后在简介后被折叠的部分放上微信号和福利。

3. 使用扩展链接引流

在发布视频号作品时，会看到视频下方有一个选项叫作"扩展链接"。这个地方我们通常可以添加两个不同的链接，一个是公众号文章的链接，一个是视频号小店里的商品链接。添加公众号文章的链接可以完成流量引流的设置，添加商品链接则可以直接实现变现。添加哪个链接取决于视频作者考虑的不同侧重点。当然，我们也可以通过在公众号文章里插入购买商品的小程序的方法实现变现。关于变现，本书的后面将会详细展开，现在只说引流的部分。

要想为公众号引流成功，就得有和视频内容高度匹配的公众号文章，很多在视频里没有说透的内容可以在文章里做更深刻、更全面的诠释，如果做到了这一点，对于高质量观众、粉丝的引流效果还是很明显的。不过，高质量公众号、文章的稳定输出门槛较高，不是谁都

能做到的。

4. 在视频内容里实现引流

在视频内容里实现引流有几种不同的方式。一种是直接在视频中说："请关注公众号，添加微信，了解更多。""欢迎添加微信深度交流。"另一种是同样的内容通过画外音的方式添加在视频作品当中，或把这些内容做成固定的图片加入到内容当中以实现引流。至于图片的具体位置，既可以在视频的开头，也可以在视频的中间，还可以在视频的结尾。

5. 评论区引流

在评论区与粉丝互动时也可以留下自己的联系方式，引导大家去添加、联系。甚至也可以去别人的评论区留言，并在留言中留下自己的账号信息、联系方式。

6. 通过私信引流

这种方法适合那些已经与作者有过良性互动的观众、粉丝，比如点了关注的、点过赞的、发表过留言的，尤其是有过深度讨论的。可以通过私信向他们发出添加微信或者是加入社群的邀请。

通过私信引流主要是针对那些新增的，还没有添加为好友的观众、粉丝。对于那些自己已经发过私信，对方却没有将自己添加为好友的观众、粉丝，最好不要重复发送邀请私信，以免适得其反。

7. 利用位置标签引流

同样是在文案下方的位置，还有一个地理位置的标注。只要在发布作品时在文案中添加"所在位置",别人就能看到我们的位置了。这本来是用来聚拢附近的人的,但是,如果我们愿意,也可以在这里放上我们的账号,这样,也会起到引流的作用。

以上这些常用的视频号引流方式,我们并不一定只在它们当中做单选,而是可以根据具体情况,同时开通多个引流通道,做到全方位、多点式的引流布局。需要注意的是,有些人会在头像、名称中进行引流,这是要绝对避免的,因为这样做会被平台判定为违规,初次违规可能会被清空,删除相关的内容。多次出现这类问题的话,就会被平台限流并降低权限。而利用其他方式进行引流,比如跨平台引流,也会受到限制。

第七章

视频号+社群,没有社群加持的视频号是不完整的

第一节 借助视频号打造群主 IP

社群是微信商业布局中必不可少的一环，也是视频号流量变现的重要助力，甚至可以说，不把社群弄明白就很难顺利完成视频号的流量变现。

社群是什么？广义的社群指的是所有能批量聚集用户并可以进行互动、促进变现的线上载体，比如微信群、QQ 群、钉钉群。但是，在微信视频号的前提下讨论的社群，指的就是微信群。也就是说，在本章，我们以微信群为对象进行探讨。

关于社群，我们要讨论的第一个问题就是关于群主 IP 的打造。运营社群，为什么要对群主 IP 进行打造？这要从社群运营的一个常见误区开始说起。很多人之前其实没怎么接触过社群运营，只是因为要做微信视频号，而社群又是视频号变现跳不过的一个环节，这才在注册视频号时顺便建立了微信群，为的就是让优质的流量有一个好的去处。在群里可以实现一对多的高效沟通，而不用进行大量一对一的反复沟通。但是，难免会有一种近乎朴素的想法，觉得只要把流量导入群中，粉丝进了我的群，就是我的人了，我只要在群里发发信息、发发链接就可以了。这样做的结果就是，群主会发现常常没有响应，粉丝们来了又走，仿佛形成"铁打的社群流水的粉丝"局面，微信群成了很多粉丝一日游的地方，有的粉丝可能一天都待不够就退群了。这样的微信群，先不说变现效果怎么样，就连最基本的体量都没办法保证。这就像是一个没有底的水桶，这边引流过来多少，那边就流失多少，让我们前面做的所有努力都变成无用功。

上述这种情况是怎么造成的？要想弄清这个问题，我们需要先弄明白社群的本质是什么。

社群绝不仅仅是一个微信群或是一个 QQ 群。社群，不过是一个载体。一个好的社群一定是人格化的，社群的人格化需要通过对群主 IP 的打造来实现。我们通过打造群主 IP，对社群人格进行赋能，或者说，通过群主 IP 在群中的影响形成社群 IP。没有 IP 的社群是没有灵魂的，自然不能成为视频号变现的重要一环。所以，逻辑就是，要做视频号，就必须做好社群；而要做好社群，就要打造好社群 IP。这个逻辑再深入一层，就是：要想打造好社群 IP，就要打造好群主 IP。

该如何打造群主 IP？简单地说，就是通过价值感（获得感）和亲切感营造出信任感，一旦有了信任感，社群在粉丝眼里就有了灵魂和温度，就不再是和自己毫无关系的群，而是一个在某个领域能够帮助自己的、有情、有温暖的家。所以，做内容的人经常提到一个词叫"家人"，这个感觉要落实到执行上，落实到实际。具体方法如下。

1. 提供更有价值的互动，增加价值感和获得感

从评论区到社群，这是粉丝流量的导入路径。但是既然从视频号和评论区来到了社群，就要让粉丝在获得感上有所不同。在社群中，或是把在视频作品中没能讲透的内容在社群里做更加深入细致的讲解；或是定期进行一些话题讨论，群主深度参与，并组织和引导粉丝积极参与，而且要对积极参与的粉丝进行奖励；或是定期提供一些免费的内容，比如做知识分享的作者可以给粉丝提供签名版书籍，做企业咨询的作者可以提供一定数量的免费咨询的机会；或是收集粉丝的问题和需求，按照粉丝的积极性不同，进行一对一的深度沟通，帮助粉丝解决问题，并把这个过程做成案例在群内分享……我们要把在引流时所做的承诺一一兑现，用自己的专业为粉丝提供价值感和获得感，成为粉丝某个领域具有专业水平的朋友。

在这个过程中，我们不仅可以最大限度地突出自己的专业性，还可以在高频、深度的互动中与粉丝建立情感连接。需要注意的是，所做的一切一定要与视频号的定位保持高度统一。

2. 分享日常，增加亲和力

打造群主IP，就是要成为粉丝靠谱的朋友。"靠谱"，既指专业上的靠谱，也指人品上的靠谱；"朋友"，指的是情感上的连接。

仅靠提供专业方面的价值，虽然也可以在某种程度上建立情感上的连接，但是这样的连接还不够。作为社群的群主，我们需要让粉丝从朋友的角度对我们了解更多，这就需要我们把自己正能量的日常分享出来，以此拉近与粉丝的关系。群主还可以进行一些专业之外的互动，既可以活跃群内的气氛，又可以加固情感连接。尤其是在一些特殊的日子，可以发一些脑筋急转弯或谜语之类的，也可发放一定的红包，等等，既让粉丝们看到一个有鲜明性格特征的群主，也让粉丝们互相看到对方。

优质社群和劣质社群的区别就在于，优质社群里是一个个鲜活的人，而劣质社群里则是一个个冷冰冰的代号，也就是我们经常说的"僵尸群"。僵尸群是留不住人的，而那些有"人味儿"的社群，不仅能够留住人，那些活跃的粉丝还会主动邀请自己的朋友进来。当然，对于这样的粉丝一定要给予一定的奖励，让他们发挥好榜样的力量。

需要注意的是，我们既要在群里和粉丝交朋友，也要在视频的评论区和粉丝交朋友。当然，在群里我们会展示得更多。但是要注意，我们在群里的形象是在视频号上呈现的形象的深入和延续，两者要保持高度的统一性。有不少新手对于这个尺度把握得不是很好，很容易在群里自嗨，结果就是和视频中呈现的形象之间有"撕裂感"，这是一定要避免的。

另外，自我形象的管理需要在朋友圈同步进行。要让更多加了微信但没加入社群的人通过朋友圈了解更多，从而加入到微信群这个大家庭中。

除了专业性之外,我们一再提到"交朋友"。这是因为,对于流量生意,尤其是视频号的流量变现来说,变现只是副产品,核心是信任。这就要求我们必须要成为粉丝身边专业过硬的朋友。成为朋友后,变现也就水到渠成了。

第二节 社群的核心竞争力是三观一致

什么样的社群才是我们真正想要的？什么样的社群才是真正具有核心竞争力的社群？很多人对于这两个问题的答案都不相同。直到有一天，有人对我说："好的社群，就是一帮极具身份认同感的人聚在了一起。"什么是身份认同感？她的回答很形象，她说："当一个人介绍自己的时候，愿意把某个标签贴在自己身上，就是具有身份认同感。"她还举例说："我们做社群时，经常有人在介绍自己的时候，除了姓名和职业之外，会说到自己所属的社群。比如，说自己是樊登读书会的，说自己是混沌大学的，等等。"

有时，我们哪怕只是和朋友在一起，也会有意无意地展示自己身上的某个标签，这并不是做社群的人所特有的。我们可以仔细观察一下身边的人，那些在500强企业供职的人，总是在不经意间提及自己所在的公司；那些名校毕业的人也会下意识地聊起自己的学校；那些曾经在一线城市奋斗过的人也会时不时地聊起那时的种种……其实，这就是身份认同感的细节体现，他们以加入某个群体或者是成为某个群体的一分子而感到自豪。

而这种身份认同感，在社交和社群中往往会表现出超强的吸引力和凝聚力。比如，使用同一品牌手机的人，碰到一起就会凭空多出几分好感；同样是某位球星的球迷，聊上三五分钟就能成为兄弟。所以，真正厉害的社群其实是把一群极具身份认同感的人聚集在了一起。这样的一群人聚在一起，会产生很奇妙的反应，爆发出的能量超出人们的想象。

如果把这个问题再深入一下，这个问题就变成：身份认同的底层逻辑是什么？回答是：三观一致，三观一致的人最容易因为身份认同而聚在一起。可是，三观说起来又难免有些抽象，况且逢人就问三观是不太礼貌的事情，即使是在线上。所以，我们可以把"三观"拆解为以下几个问题。

世界观：世界是可以被认知的吗？世界是可以被改变的吗？

人生观：人生的意义是什么？人活着的意义是什么？

价值观：你追求什么？你更看重什么？

我们讨论一个人的三观时，好像是在讨论一个谁都应该明白的话题，但是，讨论起来又觉得很难说明白。其实，只要把概念拆分成问题，大家对于这些问题的答案越接近，就越容易产生精神上的同频。这样的人聚在一起，凝聚力和向心力几乎是自然而然的伴生品。同频的人在一起，沟通效率极高，经常处于英雄所见略同的状态，非常容易形成良性讨论氛围，执行力也比别的社群高很多。

那么，怎样才能把这么多同频的人聚拢在一起呢？

同频的人天生就有互相吸引的属性，但是，他们需要一块磁铁。想要拥有这样一个社群的人，自然就要主动扮演起磁铁的角色。上述这位回答关于社群问题的朋友，她最早建的群是早起群。她坚持早起超过二十年，早起给她的人生带来很大的改变。她的故事本身就比较励志，她对于如何通过早起改变人生很有自己的心得。正因为这样，靠着这样的人设，她快速吸引了一大批与她同频的人，建立起庞大的早起社群，她身体力行地带领大家一起践行"无痛早起大法"。她的公众号到现在为止依然是每天早晨四点半准时更新。这样的社群能够做什么？这群每天四点钟起床，利用早起的时间来做更多的事情，并以此来改变自己人生的人，他们能量是不可估量的。于是，后来就有了由早起群衍生出的读书群、写作群、精力管理群、效率管理群，但是这也只是铺垫。直到后来，衍生出青年创业训练营，这位群主成为青年的创业导师。

因此，要打造群主IP，原因就在于此。群主需要什么样的人设，就要看社群的精神内核是什么。想要自己活成什么样子，成为什么样子，这就是你理想的人设。即使你现在还没有成为自己或粉丝未来想要成为的人，但最起码你所展现出来的特质，应该能够让粉丝看到你成为这样的人的希望。具体的方法，我们上一节已经讨论过。

那么，怎样利用三观的一致性来打造理想中的社群？要让那些由

"三观"拆解而成的问题，成为欢迎新粉丝的见面礼。比如，新粉丝进群后，只要回答相关的问题便会有相应的福利。同时这些问题也可以是平时社群互动的一个隐藏主题，在互动中群主可进行引导。

当然，虽然说的是以三观同频的人为核心打造良好的社群，但并不是说要将其他人拒之门外。以三观同频的人为核心打造社群，便于对社群的同频程度有一个清晰的了解，同时，在打造社群的向心力和凝聚力时能找到精准的发力方向。至于那天生就同频的人，来到群里则会有一种"终于找到组织"的亲切感。

所以，为了把社群运营得更好，就要借助上述由三观拆解而来的问题来增强社群的凝聚力，加强社群中和谐的氛围。或者你也能拆解出的更好的问题，那么，就要把这些问题运用到社群运营中，对你的目标受众进行三观定位，同时，也对你自己的人设进行必要的纠偏。

第三节 视频号+人脉助力,提高社群势能

接下来再来认识一个概念——社群势能。

先说势能。势能本来是一个物理概念,指的是相互作用的物体由于所处的位置或弹性形变等而具有的能量。一个物体升到高处时便具有了这种势能,从高处往下落的时候这种势能便可以对外界做功。

如今,势能这个概念被从物理界借用到社群运营领域,目前,社群运营最新的特点就是"社群圈层化,圈层势能化"。这句话该怎么理解?又该怎么阐述势能在社群运营中的具体含义?最直接的理解就是充分发挥自己所在圈层的能力,进一步提升社群在粉丝中的认知高度,进一步增加社群粉丝的黏性和忠实性。其实就是要达到三个目的:要让所有粉丝都认识到群里有很多段位很高的群友,群里有一个段位很高的群主,群里还有一帮段位很高的外援。这样,大家自然就会觉得

社群是一个充满能量的地方。具体需要怎么做？这三个目的中的第二个——有一个段位很高的群主，前面已经讲过了。而如何发挥粉丝和外援在增加社群势能中的作用，这是本节要解决的问题。

要发挥粉丝对于社群势能提升的作用，我们需要相信一句话，这句话就是"被看见的力量"。因为我们之前讨论过打造群主 IP 的问题，这难免会让大家有一种误解，以为只有群主才是需要被看见的。其实并不是这样，不管是群主还是粉丝，都应该被看见，也需要被看见。我们每个人都需要被看见，被看见的力量超出我们的想象。

那么，怎么才能让更多的人"被看见"？

首先，可以从修改群昵称开始。一个好的昵称，能够让人快速认识和判断一个人的价值。从这个维度来讲，我们对昵称所展示的信息的要求其实很简单，不外乎职业加地域，业务加地域，或是特长加地域。昵称的所有信息无非就是为了回答"我能为谁解决哪些问题"，这才是自身价值最好的展现。

如果社群里的每个粉丝都能通过自己的昵称回答上述这个问题，那这个社群中的粉丝必将因为被看见而将社群激发出更大的能量。不仅每一个人都会被看见，同时每一个人也能看见其他人。当需要找人帮忙时，每个人都能在第一时间找到合适的人，同时也可以用自己的特长帮助其他人。这就是核心价值的交换，同时也是利他精神的展现。在这样一个社群，归属感、获得感、凝聚力、黏性，这些与信任感相关的要素都同时存在。但是，昵称的修改，最好是通过榜样的力量进行感染，让更多的人自动自发地参与，而不适合作为群规强制执行。

尤其是那些刚入群的新人，一定要给他留出足够的适应时间，确保他是因为见证了"被看见"的力量而自愿进行修改的，而不是因为硬性要求而被动接受的。况且，不过是一个社群而已，未必就真的能够强行要求人们做什么。如果真的要求这么做，很可能会适得其反。所幸，现在是数字化IP时代，"被看见"几乎是每个人的需求。只要加以引导，激发粉丝的积极性并不是一件太困难的事情。

要想把"被看见"的力量发挥到极致，让粉丝们拥有一个可以充分展示自己核心价值的昵称只是最基本的操作。只有这种最基本的操作远远不够。除此之外，作为社群的运营者，还要给那些勇于展示自己的人提供一个良好的平台，比如，可以在社群内组织各种线上分享，让更多渴望被看见的人获得被看见的力量。同时，这样做也能够激发更多人的想要被看见的欲望。社群的运营者不仅要给粉丝提供更多曝光的机会，还要做好激励和引导。

然后就是段位很高的外援。对于提高社群势能来说，这些段位很高的外援所能发挥的作用可能还要更大一些。毕竟粉丝们是因为群主的吸引力而聚到一起来的，他们乐于看到一个段位更高的群主，或者看到群主能链接到的更为巨大的能量。

可是，群主怎样才能让自己在短期内在段位上有很大提升呢？最便捷的方法就是"摇人"，让更多厉害的人来为自己站台，为自己背书，帮助自己提升社群势能。

具体应该怎么做？其实，就是践行一句话——"把你的存量变成别人的增量，把别人的存量变成你的增量"。从本质上来说，依然是以利他精神为前提的价值交换，只不过我们交换出了彼此的核心价值以及彼此的社交人脉价值。用大家都熟悉的一句话来阐述就是，"你认识谁很多时候比你是谁更重要"。比如在传媒圈，真正段位高的人完全可以凭一己之力捧红一档节目，特别是一些访谈类节目。但是，考虑得再深一些就不难发现，他的这个所谓的"一己之力"，最后往往需要落实在他请来多少高段位的大咖。比如影视圈，有些人段位高的最直接的体现就是他可以凭借个人影响力聚拢起半个娱乐圈甚至是大半个娱乐圈里的超级巨星。

所以，强劲的外援之所以能够帮助我们快速提升社群势能，就是因为外援的存在能够最大限度地放大我们的影响力。

要做好存量和增量的互相转换，最直接的办法就是 IP 联盟，把自己所在的圈层当成自己的资源，与圈层内的 IP 结成联盟。先去为他们站台、助力，然后再请他们来为自己站台、助力。或者，通过自己的人脉连接到更高阶的大咖来为自己助力，对方的咖位越高，对社群势能提升所产生的助力就越大。

第四节 视频号社群裂变的两条线,线上+线下

本章的前两节,讲得更多的是社群运营的基本策略。这些策略必须借助一些具体的方法才能落地,现在,就来分享一下常用的落地方法,否则,那些策略就没有什么意义了。

一个优秀的社群运营者,一定是同时掌握了线上和线下两种不同场景的玩法。前面所说的那些逻辑,不论是放在线上还是放在线下,都是可以落地执行的。

有人把线上和线下两种玩法比喻为人走路用的两条腿,认为它们是社群运营必不可少的两大途径,缺一不可。也有人认为线上和线下是社群运营在不同阶段采用的不同玩法,线下是线上的进一步升级和深入。从理论上,以及就社群运营的重要性而言,人们都认同前一种说法。但是,在实际中践行后,大部分人比较倾向于后一种说法。

一、线上

1. 视频号直播

在微信视频号的语境中讨论社群运营的线上玩法,绝对离不开直播功能。由于视频号本身就是镶嵌在整个微信生态内的,社交推荐又是视频号传播的底层逻辑,所以,视频号直播,又被叫作社交直播。视频号直播,除了可以让社群运营策略落地之外,还有以下两个好处。

(1)视频号直播尤其适合刚入场的新人。因为其他平台的直播,直播间里更多的是陌生的流量;而视频号直播,直播间里来的更多的是熟悉的流量。而且,其他平台的流量商业化普遍比较严重,对那些"氪金"(意为支付费用)玩家相对比较友好。而视频号直播则对新人比较友好,一是因为社交传播机制最大限度地降低了"氪金"玩家对流量的影响;二是视频号直播更加注重价值导向,对妆容、造型以及网络化的话术要求不高。用一句话来总结就是,视频号直播对主播人设塑造的要求更加简单,且减少了"氪金"玩家对流量的影响。所以,对于那些没有多少资本支持,直播经验不是很丰富的新人来说,视频号无疑是个非常友好的直播平台。

(2)视频号直播也最有利于引流。视频号直播几乎可以说是为了私域而生的,我们在直播时可以挂公众号链接以及微信群号来完成引流,如果是完成了认证的企业视频号,还可以把企业微信名片放出来。

所以,不管从哪个方面说,视频号直播都是非做不可的。进行视频号直播,操作比较简单,只需进入自己的视频号页面,就能看到

"发起直播"按钮,点击就可以进行直播了。不过,为了保证直播顺利进行,有些准备工作也是必不可少的。

首先,要对网络环境进行测试,尤其要保证足够流畅的网速。很多新手进行直播首秀时经常会出现卡顿的情况,这会让直播间的粉丝产生不好的体验,如果连续出现几次卡顿,直播间的人数就会明显减少。

其次,开播前还要确保微信客户端是当下最新的版本。

再次,需要提前关闭手机的来电提醒,以免在直播时因为有电话进来而造成直播中断。条件允许的话,最好配备两台不同的设备,苹果手机和安卓手机都各备上一台,并确保都处于正常状态。一旦其中一台有异常可以随时切换。

以上所说的这些事项最好通过一场模拟直播来完成测试。在正式直播之前,进行一场测试性直播是很有必要的。

简单说了视频号直播的基本操作后,再说回社群运营。

我们如果请大咖线上助力,就要让他们来到我们的直播间。而把大咖请到直播间的方式有两种。

一种是请大咖到我们的身边来,或者是我们去找他们,让他们和我们一起进行直播。这种方式需要彼此确实聚在一起,双方可以全程进行更加深入的互动,带来的助力效果也是最为明显的。但同时,因为需要以线下聚集作为前提,执行起来难度较大,因为,很多线上能够链接的大咖,彼此的地理位置却可能很远。另外,越是咖位高的人,时间节奏越快,尤其是同时需要多位大咖助力的时候,聚集的成本会非常高。如果不是非常亲密的强链接,想找大咖助力,难度是非常大的。

另一种相对比较便捷，成本也比较低的方法被用得较多，那就是在直播间里进行连线，这样只需要与对方协调一个合适的时间，对方只需要在这个时间内通过连线的方式出现在主播的直播间里，与主播和直播间的粉丝进行互动即可。这样的助力方式虽然多了一些不可控的因素，但是更为便捷，可操作性提高了很多。

需要提醒的是，邀请高阶大咖在视频号直播间为自己助力前，一定不要忘记进行直播预约，并把直播预约的消息放在朋友圈和社群里进行分享，并引导、鼓励粉丝也在各自的朋友圈以及各自所在的社群进行分享。如此一来，不仅能够极大地提高社群势能，还能在直播时为自己的社群引入更多流量，可以说是一举两得。当然，别忘了在直播预约中对前来助力的高阶大咖进行介绍，即使不便于直接写是谁，也要说明有神秘嘉宾助阵。

另外，在进行社群运营时，也可以通过连线的方式与粉丝进行互动，给予积极的粉丝更多被看见的机会。具体操作既可以以视频连线的方式进行，也可以以语音连麦的方式进行。

视频号的直播，除了起到引流和社群运营的作用之外，还有一个重要的作用就是与视频号小店一起完成流量变现。关于这一点，将在下一章讲述。

2. 微信群直播

微信生态中还有一个比视频号直播更适合做社群线上运营的工具——微信群直播。与其他直播方式不同，微信群直播不仅群主可以使用，所有群员都可以使用。而且同一个微信群里可同时发起多场直播，群员可以根据自己的需要选择观看其中的一场直播。只是，正在使用微信群直播功能的人，没办法同时观看其他直播。

直播中，主播可以与直播间的观众进行互动，观众可以发表评论，还可以无限制点赞。另外，主播还可以与群友进行连麦互动。因为微信群直播本身就是微信群功能的一部分，用起来比视频号直播更加便捷。尤其是群里的人皆可发起直播，最适合群友之间互动与沟通，是群友展示自己的绝佳平台。但是，按照目前的规则，微信群直播不允许进行商业活动。其实，是微信平台以变现功能把微信群直播和视频号直播做了区分。

不过，微信群直播只能在微信群内使用，更适合群友之间的沟通和互动。微信群直播的直播间不支持转发，不管是在群聊还是在直播页面中都没有入口可以进入，唯一可以进入直播间的方法就是先进入微信群，然后点击群里的直播链接。一旦有人在微信群里发起直播，就会自动在群里发出直播链接，群聊的顶部还可以发布常驻直播提醒，群友只要点击直播链接，就可以进入直播间。

综上所述，对于视频号的社群运营来讲，如果是以引流为目的，可以用视频号直播；如果是日常群友交流，提高活跃度或者是进行群友间的分享，显然是微信群直播更加合适。不过，微信群直播虽然更加自由便捷，但是最好不要同时发起多场直播，以免造成不必要的麻烦。

至于发起微信群直播的方法，很简单。只要进入微信群，点击输入框右侧圆圈里面的"+"，便能在输入框下方找到直播的标识，点击这个直播标识，就能发起直播了。

微信群直播支持回顾和录制，我们不仅可以在直播结束后对观众数量、点赞数量、评论数量、直播时长等进行分析，还可以把录制的内容作为福利发放给没来得及进入直播间的群友，这样，既可以作为其他群友回顾或学习的资料，又可以将其剪辑后放在视频号上，作为引流产品。

二、线下

线下的社群活动对于社群运营来说也极为重要。一次成功的线下活动的效果可能比几次线上活动的影响力都大。但是，一场成功的线下活动，特别是达到 200 人左右的线下活动，涉及场所、组织等方方面面的问题，可能还需要报备，需要一个完整的运营团队全力协作才可能完成。所以，尽管有人把线上线下比作是社群运营的两条腿，但我们更加倾向于它们是不同阶段采用的不同玩法这种说法。

刚刚起步的新人，更适合把线上活动做好。做到一定阶段，有了完整的运营团队后，能把线下活动做起来就再好不过了。不过，即使如此，作为社群的运营者，还是要积极参与各种线下活动为好。充分利用自己的社交资源，通过线下活动深度结交更多的高阶大咖，并可在这个过程中拍摄一些内容素材放在视频作品中，并在朋友圈或者社群里进行分享，这对于提升社群势能很有帮助。

第八章

视频号直播，视频号变现的主要阵地

第一节 视频号 + 内容电商，视频号变现的基本逻辑

我们先来看几条关于视频号电商的几位网友的评论。

"'没有人愿意在生活中看到的都是充斥着推销的直播话术'很同意！"……

"没有人愿意在生活中看到的都是充斥着推销的直播话术"很同意！视频号真不能搞纯电商那一套
最近 回复

要做更有内容价值的电商直播，而不是一味跟风，要为用户考虑
最近 回复

视频号能否打破不具备内容输出能力，却能以内容驱动电商的国内电商悖论，还需要继续观察。
最近 来自中国 回复

视频号电商相对于更容易变现，但是不可急于求成，站在用户角度考虑才可以
最近 来自河北 回复

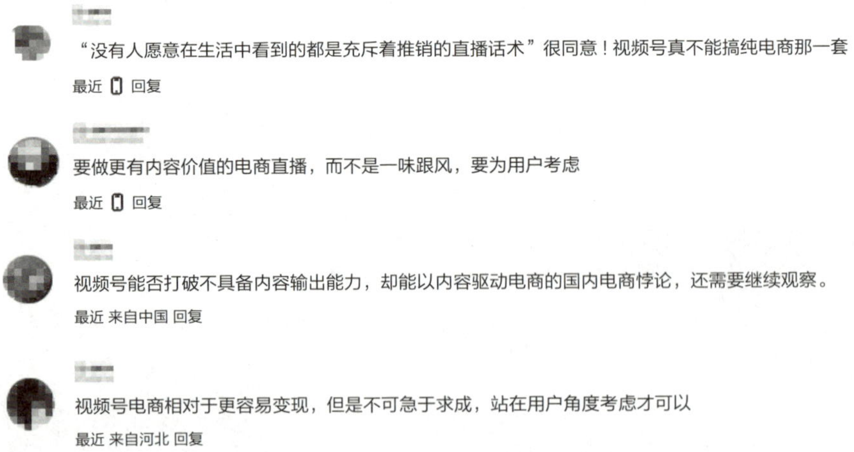

图 8-1

这是变现时期视频号电商在大众心目中的形象，评论全都指向视频号电商的一个特点：内容。可以说，视频号电商的最大特点就是内容，这与本书前面反复强调的内容价值导向是一致的，这也是视频号提倡的价值导向在大众认知当中的映射。

既然视频号的流量是用来变现的，我们当然得承认：从本质上来说，视频号就是电商。但是视频号里所呈现出来的，又不是那种司空见惯的推销直播话术，它虽然也是电商，但不是那种单纯以成交为目的的电商。这既是由视频号固有的变现基因所决定的，也是粉丝们所希望看到的，也是符合用户心理预期的。

以上是我们对于视频号的变现必须要有的认识，只有充分认识到视频号电商的内容特性，做视频号才能事半功倍。

一、内容和价值才是视频号的核心竞争力

前面那位用户评论说："视频号能否打破不具备内容输出能力，却能以内容驱动电商的国内电商悖论，还需要继续观察。"这条评论所说确实有一定的道理，内容输出能力对于视频号电商确实至关重要。目前，视频号的特质显然更适合那些具有一定内容输出能力的人，这一点早有定论。早在视频号内测阶段就已经入驻的一位前辈在入驻不久后就说过，微信视频号是一个非常适合卖课的地方。她做视频号的基本逻辑就是"左手有课，右手有货"。"课"是她的传播力和影响力的保证，"货"是她流量变现的载体。她所说的"课"，我们可以理解为以价值为导向的内容输出。她所说的逻辑确实让她在做视频号后有了

不错的发展。

如何让输出能力没那么强的人也能在这个平台活得很好？这可能确实是视频号官方接下来要面临的问题之一。不过，这个问题在视频号还有另外一种选项，就是把更多具有内容输出能力甚至是具有稳定的内容输出潜质的人聚拢到视频号平台上来，进一步强化视频号的基因优势。对于已经入驻视频号平台，并且已经到了变现环节的人来说，如何强化自己的内容输出能力，或者是激活自己的内容输出潜力，则是必须要考虑的问题。所以，本书的开篇就在说，要想在视频号平台发展，就一定要让自己变成一个终身学习者。

二、比"全网最低"更重要的是"交个朋友"

"交个朋友"这句话放在别的平台就是一个噱头，但是在视频号平台上就必须变成行为准则。因为视频号做的是私域流量的生意，而其他平台做得更多的是公域流量的生意。如何理解这种差别？下面用大家最熟悉的实体经济的形式来做一下类比。

公域流量的生意，就像是在客流量比较大的地方开店做生意，比如车站、景区；而私域流量的生意，就像是在小区门口或者是在小区里面开了个店。开在不同地方的两个店，经营模式肯定是不同的，一种模式是把价格压得较低，但是质量和服务就不太能够保证；另一种模式是价格可能不是最低的，但是质量和服务一定要做到最好。因为开在小区里的店面，客源相对比较固定，基本都是小区里的老住户、老邻居，他们在店里的消费是复购型的，他们更在意的是产品的质量，消费时商家的态度和售后的体验，客户和商家的关系就像是朋友一样，客户来到店里购物时还能聊聊天，互相关心问候一下。所以，很多在小区里把店开得很成功的人都有一个特点，那就是人缘好。而那些把店开在车站等地方的人，每天面对的都是些陌生的顾客，只需要把价格压低就可以了。

所以，当做公域流量生意的人说自己的价格"全网最低"时，他们说的多半是真的；而当做私域流量生意的人说"交个朋友"时，你最好也要足够认真。就像那些开在小区里面的店面一样，私域流量的变现特征就是反复触及。要想反复触及，就要有各种信任和认同感，这就需要我们除了提供足够的价值以外，还要学会交朋友。到这里，本书已经数次提到"交朋友"这个概念了，不管是在引流阶段、运营阶段还是在变现阶段，都是如此，都要有"交朋友"的心态和方法。

三、站在用户的角度考虑问题，成交只是开始

变现在很多人的认知里就是想办法把产品卖出去，成交就算是结束。但是在视频号变现中，成交不过是信任感的一次验证，同时也是进一步加深信任感的一次契机。这么看来，成交只是一个好的开始，而不可能是结束。每一次成交都是需要用心呵护的，尤其是那些遵循"左手有课，右手有货"这一原则的人。每次成交后，对于"听课"和"讲课"的人来说，只是一个开始。甚至"讲课"和"听课"的过程也

只是一个开始，课程过后还有很多同读会、创业群、互助会等社群。在这些社群里，大家因为有相同的目标，所以能够形成强大的向心力，彼此的联系也更紧密。

要想做到上述这一点，就需要站在客户的角度来考虑问题，只有站在客户的角度来考虑问题，才能准确感知客户在成交之后的痛点。成交之后，还要考虑客户"能不能听得懂？听不懂怎么办？听懂了，但不会做怎么办？做了，但做不好怎么办？现实中遇到了'课程'中没讲到的问题怎么办？"所以，如果我们只会站在自己的角度看问题，只看到成交和变现，那么，成交后的痛点是很难被发现的，就不会有后续的故事了。

第二节 视频号小店，跳不过的变现终端

一、视频号平台的主要变现方式

现在来盘点一下视频号平台的主要变现方式，看看视频号聚拢来的流量是在什么样的状态下完成变现的。

1. 朋友圈变现和微信群

朋友圈变现是微信早就有的变现方式。因为庞大的用户体量和便捷的支付方式，以微信为载体的微商成为当时电商的中流砥柱。微商最大的变现途径和场景就是朋友圈和的微信群。而在内容电商时代，刚刚做视频号的人们会把流量导入微信或者是微信群里，可以通过朋友圈发布的产品来完成变现。这也是我们在前面一再说引

流的原因。

2. 广告变现

当我们的视频号的影响力达到一定程度时，播放量和粉丝量都上去了，就会有广告主主动找我们，为我们送上一份广告收入。视频号的垂直领域也许是美妆，也许是穿搭，也许是美食，也许是旅游，或者是电子产品……这都不耽误我们有一份不错的广告收入。但是，当我们的视频号的影响力不是很大时，对于那些主动找上门的广告还是要谨慎选择，千万不要轻易把来路不明的东西推荐给粉丝，要知道，在视频号这个平台上，你的私域流量与你的社交资源紧密相关，万不可因小失大。

3. 直播变现

这应该是视频号最重要的变现方式，这里说的直播是视频号直播而不是微信群直播。前面提到视频号直播时，侧重讲的是它的引流功能；这里再次提起视频号直播，侧重讲的是它的变现功能。不过视频号直播本身是无法承担所有变现功能的，而是需要配合视频号小店，用店里的商品完成流量变现的闭环。还有一种直播变现方式就是付费直播，直播本身就是产品。

4. 内容变现

这种方式就是把视频号小店的链接放在视频号内容的下方，粉丝通过链接跳转到小店，完成商品的交易，从而完成内容变现。或者直接把商品放在视频号主页的橱窗里进行售卖，实现变现。

纵观视频号最主要的几种变现方式，除了广告变现之外，其他所有的变现路径最后都要落到视频号小店的商品上面。可以说，视频号小店是视频号变现跳不过的终端，它的链接出现在哪里就通过什么路径变现。不过，不管是哪种变现路径，都是由视频号小店来实现变现的。所以，我们就需要开一家视频号小店，完成视频号变现的闭环。

二、如何开通视频号小店

视频号小店是微信视频号团队开发的、为商家提供商品信息展示和商品交易的技术服务，可以替代微信小商店，全方位支持商家在视频号场景内的经营。视频号小店只允许已经完成注册的企业和个体工商户申请开店，不接受个人的开店申请。并且，只支持使用身份证认证的视频号申请开视频号小店。申请之前需要先准备好营业执照、经营者或法人的身份证。

视频号小店的类型只有企业店和个体工商户店，入口分为电脑端和手机端。

电脑端入口为 https://channels.weixin.qq.com/shop，点进去会后会看到视频号小店的页面，如图 8-2 所示。

图 8-2

扫描图中二维码后会被提示"暂无可用视频号小店",下面有"我要开店"的提示,如图8-3所示。点击"我要开店",进入视频号小店页面,再点击"开店",如图8-4所示。按照要求完成相关信息的填写。提交后,等待系统审核,一般审核时间为7~15个工作日。

图8-3　　　　　　　　　图8-4

手机端入口,则需要在微信的发现页面找到视频号的入口,如图8-5所示。然后在视频号主页的右上角找到个人主页标志,如图8-6所示。

图 8-5　　　　　　　　　图 8-6

　　点击该标志，进入个人主页后，点击"创作者中心"，找到"带货中心"如图 8-7 所示。点击"带货中心"就能找到视频号小店的入口了，如图 8-8 所示。点击进去，按照步骤要求填写相关信息后，提交，等待系统审核即可。审核通过后去完成账户的验证，然后点击"签约"，然后使用超级管理员的微信扫描签约。签约完成后，超级管理员的微信上就会收到通知，同时后台也显示"开张成功"，之后，点击"发布商品"就可以添加商品开始卖货了。

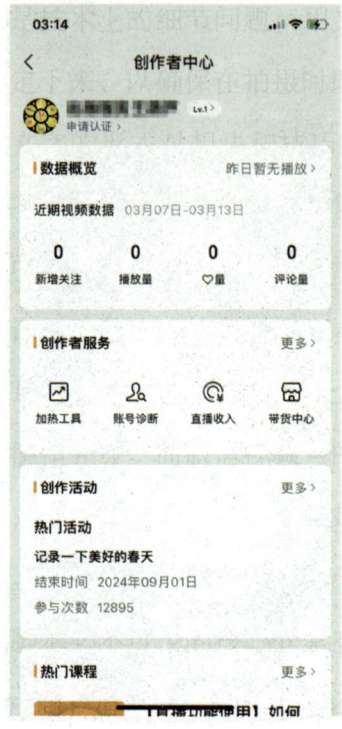

图 8-7

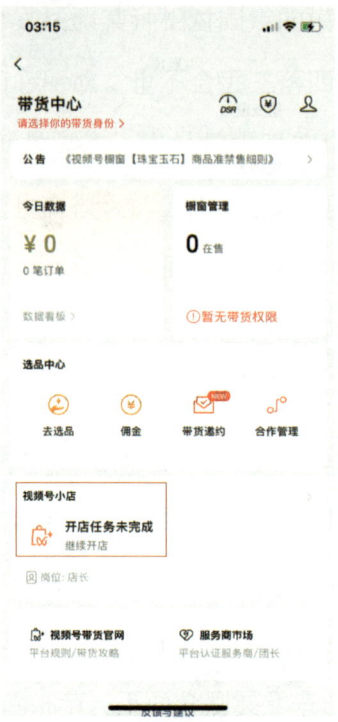

图 8-8

第三节 直播预告，直播前的造势很重要

现在说一说视频号直播变现过程中一些可以让人少走很多弯路的小技巧。了解了这些小技巧，视频号直播便可以轻松上手了，视频号流量变现也就变得更加稳妥了。

一、让预告给直播预热

一场成功的直播一定是有"预谋"的，很多直播高手都会在直播开始前的前几天发布直播预告。这样，直播的消息不仅能够在这几天里让更多的人知道，也便于大家提前安排好时间，以保证更多的人准时进入直播间。

视频号直播有"直播预告"功能，我们可以利用它直接发布预

告。同时，也可以在短视频内容、文案或在评论里提示直播日期、主题、助阵嘉宾等信息，以达到预告的效果。从实际效果来看，最佳的预告时间是直播前的 3~5 天比较合适。规模和力度较大的直播，最好提前 5 天进行预告；一般的直播，提前 3 天进行预告即可。预告太晚的话，传播效果不佳；预告太早的话，会造成审美的疲劳，让观众的热情变低。

　　直播预告的发布功能就在视频号直播的页面上。点击视频号的主页右上方的个人主页标识，进入个人中心，点击右下方的"发起直播"，就会看到"直播""创建预告"和"取消"3 个选项，分别如图 8-9、图 8-10、图 8-11 所示。

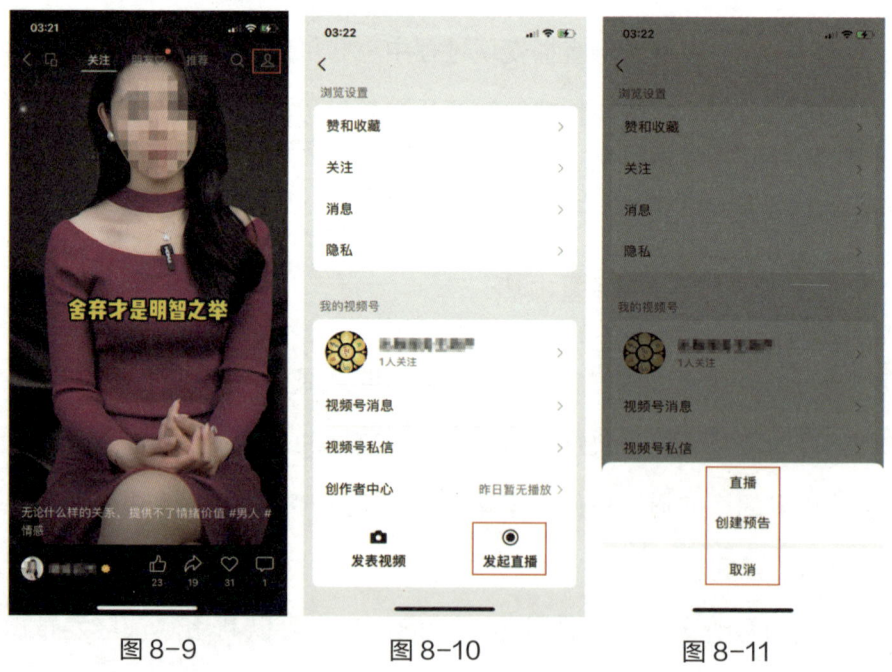

图 8-9　　　　　　　图 8-10　　　　　　　图 8-11

点击"创建预告"（如图 8-12 所示），就会看到创建直播预告的页面。写上开播时间和直播主题后，点击"创建预告"，就完成了"直播预告"的创建。设置完成后，视频号内容的主页便会出现一条直播的预约提醒，如图 8-13 所示。

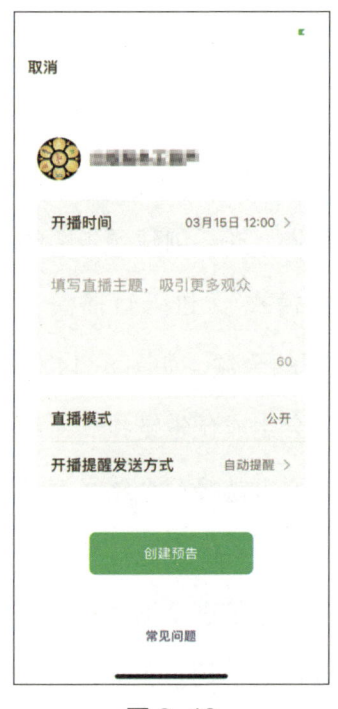

图 8-12

图 8-13

二、在微信的其他平台中发布预告

只是，像前面这样设置完成后，并不等于万事大吉，因为这样还不够。最好在视频号中再发布一条视频，这样，粉丝们看到视频时就能看到直播预告了。如果视频号与公众号是关联的，那么直播预告也会出现在公众号的主页上。视频号和公众号的关联也是我们一直在提倡的。除此之外，还可以把直播预告发布在自己的朋友圈和社群内。这样一来，便能起到更好的预告效果。

记住：一定要做好直播预告，尤其是付费的直播，更要通过这样的预告来最大限度地扩大直播的影响力，为直播变现助力。

三、付费直播预告的设置

付费的直播，需要创建付费直播预告。在"创建预告"的页面上有"直播模式"这一选择。点击"直播模式"，进入直播模式设置页面。选择"付费可见"，并选择付费观看的金额，如图 8-14、图 8-15 所示。付费直播预告一旦设置完成，便会生成预告链接和二维码，通过视频号主页、短视频预约条和直播间预告链接三个路径完成付费预约。在其他场景下也可以完成预约，但是却不能完成付费。所以如果是付费直播预告，则尽量要使用以上三种路径进行推送，而在公众号文章里面插入的预约组件在这时则需要谨慎使用。另外，目前，只有手机端可以使用付费直播预告功能。

直播预告一旦设置完成就不能更改。但是，一般的直播预告可以撤销并重新设置；付费直播预告，不管是主动撤销还是未能按时直播，已经付费的用户都将收到系统的自动退款。

在实际操作过程中，有人反馈无法实现"付费可见"等直播预告功能的操作，这主要与权限认证和直播信用有关。视频号付费直播及其预告主要面向优质作者开放，并要求作者在完成相关认证的基础上保持良好的直播信用。如果我们的视频号第一次进行直播预告相关功能的操作时，无法实现"付费可见"等直播预告功能，多半是因为认证不全影响了使用权限，需要确认一下视频号认证的各环节；如果之前进行过"付费可见"等直播预告的相关操作，但现在却无法继续进行相关操作，则需要在创作者中心对违规情况进行查询并及时改正，以保证"付费可见"等直播预告功能可正常使用。

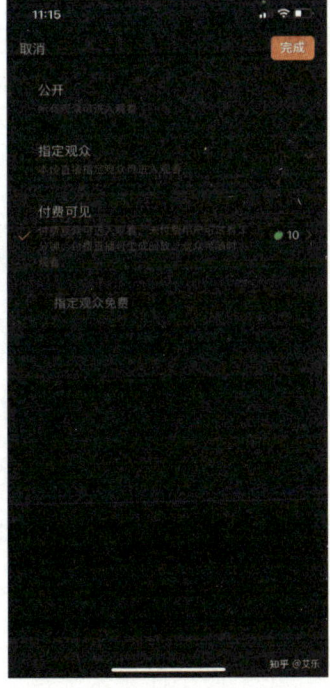

图 8-14

图 8-15

第四节 让直播间保持活跃，热闹的地方更容易变现

直播间的活跃程度与直播效果有直接关系。直播间里观众越活跃，直播间内越热闹，直播的效果就越好。反之，一个冷冷清清的直播间是不可能产令人眼前一亮的直播数据的。

但是，要让直播间保持较高的活跃气氛，不是仅靠主播一个人的努力就可以实现的。很多直播新人怕直播间里留不住人，就表现得特别卖力，话特别密，几乎不敢有任何停顿。其实，这种自嗨到独角戏的状态，是特别不合适的。密不透风的话语刺激很容易给人一种压抑的感觉，观众没办法参与，很容易因为无趣而离开。

好的状态是什么？首先是松弛，然后是互动。

松弛的状态与对直播间环境的适应性有关，熟悉了直播间的环境后，主播就会慢慢松弛下来，这是需要通过实践磨炼的。而互动则可以通过一些技巧的践行，很快就能看到效果。

直播间经常使用的互动方式分为两种：一种是内容性互动，一种是娱乐性的互动。

内容性互动就像前面说过的，比如主播与嘉宾在现场互动或音视频的连麦互动，或者是主播与直播间的观众进行音视频连麦互动。这样的互动是双方围绕直播主题进行深入探讨，不但让直播的形式更加丰富、生动，还能形成良好的讨论氛围，增加直播间的向心力，能让更多的人参与进来。具体可以在直播发起页面点击右上方的"…"，然后点击"开启连麦"，如图 8-16、图 8-17 所示。

图 8-16

图 8-17

在直播中开启连麦，只需要在直播中点击直播间下方的"开启连麦"标志，便可以在"与观众连麦"和"与主播连麦"之间进行选择，如图 8-18 所示。"与观众连麦"需要观众发出要求，主播通过后进行互动；而"与主播连麦"可以由主播发出邀请，等对方同意后进行互动。

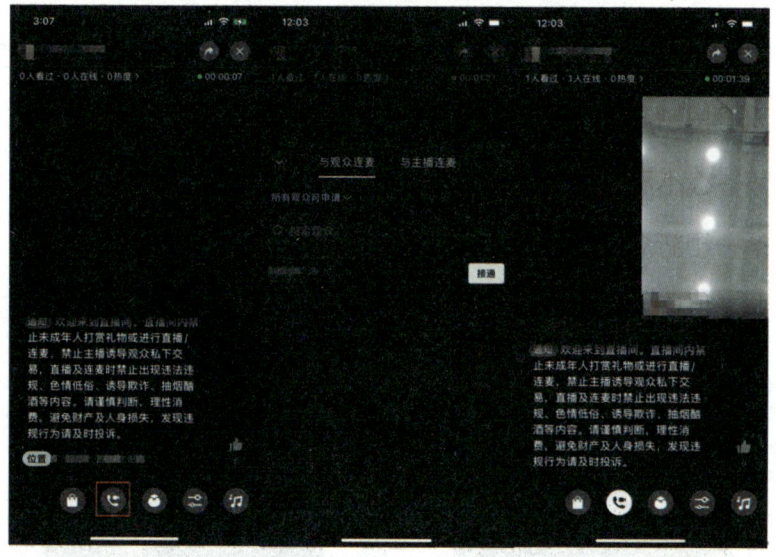

图 8-18

除了这类针对直播主题进行讨论的互动之外，娱乐性的互动也可以活跃直播间氛围，提高直播间人气，比如向观众发放红包和福袋。

发放福袋需要使用视频号的"微信视频号直播抽奖功能"或者叫"抽奖功能"。设置福袋抽奖只需要在直播主页面中点击福袋标识，也就是直播间下方从右到左第三个标识，如图 8-19 所示，随后进入福袋的设置页面。在这个页面，我们需要对"礼物分配""中奖名额""开奖时间""用户参与方式""中奖用户兑奖方式""参与抽奖用户可重复中奖"

等福袋抽奖的相关信息进行填写和设置，如图 8-20 所示。我们可以通过填写这些信息来建立自己的抽奖规则，指定奖品的类型。奖品可以是自己的课程，也可以是视频号小店里的一款商品，或是其他奖品。还可以设定在抽奖多少分钟后开奖。之所以以分钟为单位进行设定，主要是需要尽快进行兑奖，这样才能在短时间内掀起一波高潮，推动直播间的变现。而不在抽奖后立即兑奖，是因为我们需要几分钟核对中奖用户的信息。兑奖的方式可以选择私信、收货地址或者指定其他方式进行。主要是根据奖品类型的不同进行选择，如果是课程等虚拟类的奖品则选择私信的方式；如果是实物奖品，则更适合以收货地址的方式兑奖。

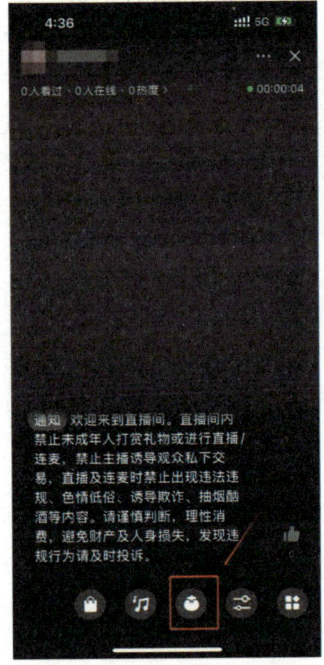

图 8-19

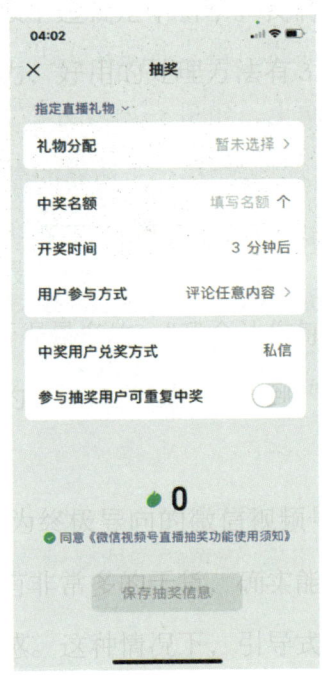

图 8-20

需要谨慎对待的是抽奖的参与方式，这是福袋引导的方向所在。让观众以什么样的方式参与抽奖，就是引导观众做出什么样的行为。我们可以在"点赞""评论任意内容""评论指定内容""关注主播"几个选项中进行选择。在抽奖的过程中，只有观众完成了相应的行为，才能获得抽奖资格。所以，可以进行多次抽奖，每次引导观众做出不同的行为。这就又涉及要不要让中奖观众重复抽奖的问题。如果直播间的人数不是那么多，那最好让观众重复参与抽奖。如果直播间的人数足够多，多次抽奖的奖品都一样的话，那就尽量避免观众重复抽奖。

福袋抽奖最好和红包配合使用。由于视频号的社交属性，直播间发红包需要用到"选群发红包"功能。"选群发红包"功能就在发起直播的主页上，如图 8-21 所示。我们可以通过这个功能选择想要发红包的群，这时候微信号上所有的微信群都会成为备选的对象，如图 8-22 所示，我们尽量去选择想要重点去推的群。目前视频号直播只支持同时选择五个微信群，不论视频号主是不是微信群的群主都可以，但是，只能选微信群不能选个人。

第八章 视频号直播,视频号变现的主要阵地

图 8-21

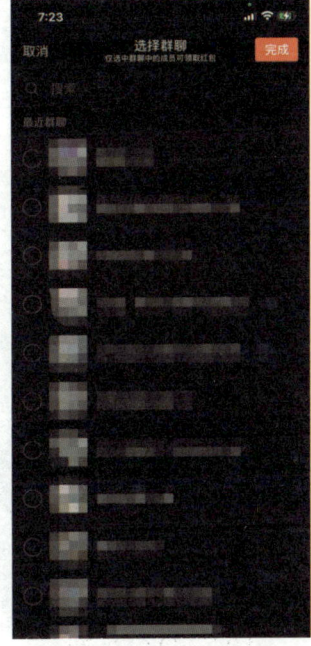

图 8-22

选好想要发红包的群后,开始直播时,那些群里就会出现一条系统推送的链接,会有"××发起的直播间将派送红包"的提醒。这时候群中显示的是微信号身份而不是视频号身份。这时候虽然直播已经开始,但是红包并没有发出去,还需要在直播间的页面上点击红包标志,如图 8-23 所示,进入红包设置页面。

图 8-23

将金额和红包数量都设置好，就可以在直播间发红包了。红包发出去之后，所选的那些微信群里就会出现一个链接，显示"××直播间发送了红包"。这时，群中显示的身份就从微信号转变成了视频号。微信群里的人只要点击链接领取红包，页面就会直接跳转到视频号直播间里，就可以在直播间里领取红包了。对于那些非付费的直播来说，在直播间发红包对于获取新的流量非常管用，与直播间的福袋抽奖配合使用，效果非常明显。

但是，上述微信群里的红包和直播间里的热闹，最后一定要落实到变现上。付费直播自不必说，非付费的直播一定要充分利用好视频号小店，尽可能多地变现，否则这种热闹就成了虚假繁荣。至于变现的路径，前面已经梳理过了。

另外，直播时还可以顺便开启打赏功能，这不仅多了种变现方式，也多了一种与观众互动的方式，也是允许粉丝表达自己感情的方式。不过，打赏并不会作为视频号主播的主要变现方式。而且，只有做自媒体的个人主播有这个功能，企业和机构认证的视频号不能使用这个功能。自媒体个人主播，只要是符合要求的视频号，直播开启时，打赏功能会默认为开启状态。只要不去特意关闭，粉丝们便可以打赏送礼物。

一旦直播间热闹起来，平台就会推一些新的流量进直播间。但这些新的流量黏性并不强，我们要充分发挥抽奖的功能，让他们留下来。有必要时，不时强调一下接下来还有很大的福利发放，用福利把新流量留在直播间。之所以这么做，一来，把观众留在直播间的时间越长，平台就会推更多的流量进来；二来，观众在直播间留的时间越长，他们转化为私域流量的概率就越高。